Michael Brockerh

Zu Fuß durch DÜSSELDORF

12 Spaziergänge

Droste Verlag

AUS DEM INHALT

Zu Fuß durch DÜSSELDORF

VORWORT

Unter einer Lupe werden interessante, schöne Einzelheiten besonders deutlich. Auf eine Stadt bezogen sind Rundgänge gewissermaßen solch eine Lupe. Erst zu Fuß sind Düsseldorfs Besonderheiten, seine charakteristischen Details, seine Vielfalt und seine Vorzüge klar zu erfassen, weil sie bei einem Spaziergang in aller Ruhe unter die Lupe genommen werden können. Die Beobachtungen sind spannend, weil Düsseldorf immer wieder für Überraschungen gut ist. Die Stadt ist nicht einheitlich, sondern in ihren Vierteln finden sich unterschiedliche Akzente, die für abwechslungsreiche Erlebnisse sorgen.

Bei den Rundgängen sind teils sogar auf engem Raum viele typische Züge von Düsseldorf zu erkennen, die sich über die Jahrhunderte herausgebildet haben. Am Anfang stand die Festungsstadt der Herzöge von Berg – die Altstadt mit dem Schlossturm, den Bastionen am Alten Hafen und der Citadelle. Von der Mitte des 19. Jahrhunderts an dann der unaufhaltsame, später rasante Aufschwung zum Wirtschaftszentrum, ablesbar an der City neben der Altstadt mit den repräsentativen Bauten wie dem Wilhelm-Marx-Haus oder dem Stahlhof, aber auch an den Vierteln der Gründerzeit wie Unterbilk und Flingern-Nord, die heute noch angesagte Wohnquartiere sind. Nicht zu vergessen die linksrheinischen Stadtteile, die aufgrund der Expansion von Düsseldorf aus Dörfern zu bürgerlichen Vierteln wuchsen, in denen die ehemaligen Dorfkerne fast verschwunden sind. Eine Besonderheit ist der Medienhafen, der gezielt von der Stadtverwaltung entwickelt und zum Anschauungsort für moderne Architektur wurde. Zum wirtschaftlichen Aufschwung trug auch die Industrie bei, deren Produktionswerke und Siedlungen für Arbeiter noch Auswirkungen auf heutige Stadtquartiere haben.

Das expandierende Düsseldorf schluckte durch Eingemeindungen Anfang des 20. Jahrhunderts ehemals selbstständige Städte wie Kaiserswerth am Rhein, Gerresheim an den hügeligen Ausläufern des Bergischen Landes oder Benrath mit seinem bedeutenden Schloss. So bekam die Stadt neue Facetten und wurde noch vielfältiger.

Trotz des Wachstums der Wohnquartiere hat Düsseldorf den Charakter einer Gartenstadt behalten, den weitsichtige Planer Anfang des 19. Jahrhunderts möglich machten, als sie die Königsallee und den neuen Hofgarten anlegen ließen. Viele weitere Parks und Gartenanlagen in den Stadtteilen haben diesen Ruf untermauert, etwa der Nordpark oder der Florapark in Unterbilk. Ganz abgesehen vom Rhein, der die Vorstellung von Düsseldorf als einer Stadt am Fluss prägt, der zudem auch für eine ursprüngliche, naturbelassene Flusslandschaft in der Urdenbacher Kämpe sorgt – einem Naturschutzgebiet von europäischem Rang auf dem Stadtgebiet.

In ihrer Gesamtheit machen die zwölf Rundgänge in diesem Buch alle diese wichtigen und typischen Facetten erfahrbar. Sie sind jedoch zwangsläufig eine Auswahl – getroffen unter dem Aspekt, dass man auf möglichst unterhaltsame, angenehme und informative Art das Wesen Düsseldorfs und die Grundzüge seiner Entwicklung erspüren kann. Nehmen Sie sich dafür ruhig Zeit, bleiben Sie hin und wieder stehen, nutzen Sie Informationstafeln am Weg und an Häusern, schauen Sie in Kirchen oder Häuser hinein, genießen Sie die Landschaft in Parks und am Rhein – kurz: Nehmen Sie Düsseldorf ganz genau unter die Lupe.

Ihr Michael
Brockerhoff

1 DAS ALTE DÜSSELDORF

Start/Ziel: ArcheoPoint, Heinrich-Heine-Allee 14–16, 40212 Düsseldorf (GPS: 51.225746, 6.779076)
Länge: ca. 4,5 Kilometer
Dauer: ca. 2 Stunden
ÖPNV: Haltestelle Heinrich-Heine-Allee, alle U-Bahn-Linien
Parken: Parkhaus Schadow Arkaden, Martin-Luther-Platz, 40212 Düsseldorf

Unterwegs entdeckt:

1 ArcheoPoint
2 Kunstsammlung NRW K20
3 Grabbeplatz
4 Kreuzherrenkirche
5 Lewenhaus
6 Lambertusbasilika
7 Josephskapelle
8 Schlossturm
9 Rathaus
10 Alter Hafen
11 Maxkirche
12 Stadtmuseum
13 Carlsplatz
14 Berger Kirche
15 Schneider-Wibbel-Gasse
16 Neanderkirche

Essen + Trinken:
In der Altstadt gibt es Einkehrmöglichkeiten für jeden Geschmack.
Ein besonderer Tipp:
Laterne im Schlossturm
Burgplatz 30, 40213 Düsseldorf, Tel. 02 11/8 99 75 86
www.restaurant-rossini.de/laterne.htm
(herrlicher Blick über Altstadt und Rheinufer, geöffnet zu den Zeiten des SchifffahrtMuseums, Eintrittskarten für das Museum müssen gelöst werden)

Auf den Spuren der Festung

Der Kern von Düsseldorf ist klein. Bis zum Beginn des 19. Jahrhunderts war die Stadt begrenzt durch die Festungsbauwerke und nahm nur die Fläche zwischen der heutigen Rheinkniebrücke im Süden, der Oberkasseler Brücke im Norden und der Achse Heinrich-Heine-Allee/Königsallee ein. Im Westen bildete der Rhein einen natürlichen Abschluss. Zwar lagen in Reichweite der Festungsstadt Siedlungen wie Derendorf, Bilk oder Hamm, aber erst nach Schleifen der Festung wuchsen sie zur heutigen Stadt zusammen. Dieser überschaubare Kern von Düsseldorf ist jedoch riesig im Vergleich zu den Ursprüngen der Stadt, die bei der Stadterhebung gerade mal eine Fläche von knapp sechs Fußballfeldern rund um die Lambertuskirche umfasste. Im Laufe der Jahrhunderte vergrößerten die Landesherren die Hauptstadt des Herzogtums Berg und zogen neue Mauern, von denen einige teils winzige, teils große Reste heute noch während unseres Rundgangs durch das alte Düsseldorf zu sehen sind.

Start ist der **ArcheoPoint** **1** in der U-Bahn-Station Heinrich-Heine-Allee am unteren Treppenaufgang des Ausgangs Königsallee. Dort sind Mauerreste der barocken Bastionen, die bei den Ausschachtungen für den Autotunnel des Kö-Bogens entdeckt wurden, wieder aufgebaut worden. Neben Dokumentationen über archäologische Funde gibt eine nur wenige Minuten dauernde 3-D-Animation einen kompakten Überblick über Umfang und Bauweise der Bollwerke und die Entwicklung der Stadt.

Der ArcheoPoint ist täglich von 10 bis 18 Uhr geöffnet.

Wieder an der Oberfläche angekommen gehen wir über den Corneliusplatz und biegen links vor dem Steigenberger Parkhotel in die Elberfelder Straße Richtung Altstadt ein. Unter dem Pflaster vor der Kreuzung mit der Heinrich-Heine-Allee liegen verborgen die steinernen Bögen einer Brücke, die damals der Übergang über den Festungsgraben zur Stadt war. Um heute zur Altstadt zu gelangen, müssen wir nur die Heinrich-Heine-Allee überqueren, unter der im Erdreich Spuren der Festungsbauten liegen. Wir gehen rechts entlang der modernen Wohn- und Geschäftshäuser zum Grabbeplatz und dort halb links zum Durchgang des **K20 (Kunstsammlung NRW)** 2 Richtung Paul-Klee-Platz. Dort steht in einem Glaskasten ein weiteres historisches Zeugnis – ein kleines Stück der **Stadtmauer,** die 1394 bei der ersten Erweiterung von Düsseldorf angelegt worden war und bei Ausschachtungsarbeiten für eine Erweiterung des Museums gefunden wurde. Eine Tafel am Fuß des Mauerstücks erläutert die einzelnen Phasen des Wachstums von Düsseldorf.

Zurück zum **Grabbeplatz** 3 geht es rechts wenige Meter bis zur Ecke Neubrückstraße. Bei einem Rundblick von dieser Stelle aus fallen historisch bedeutende Gebäude ins Auge: allen voran rechts neben dem Betonbau der Kunsthalle (siehe Route 2, Seite 30) die sehenswerte barocke **Andreaskirche,** die die Landesherren aus der Familie der Pfalz-Neuburger, denen 1609 das Herzogtum Berg zufiel, zur Hofkirche machten. An die Kirche schließt sich das **Stadthaus** an. Es ist heute ein Hotel, war über Jahrhunderte Sitz von Verwaltungen und ist aus einem Jesuitenkolleg hervorgegangen. Gegenüber erhebt sich das monumentale **Amtsgericht,** für das das Statthalterpalais der bergischen Fürsten 1913 weichen musste. Aber auch das Gericht ist inzwischen umgezogen. Das denkmalgeschützte Gebäude dient heute dem Wohnen und bildet zusammen mit neuen Wohnhäusern das sogenannte **Andreasquartier.**

Gegenüber den neuen Wohnblocks ist entlang der Neubrückstraße eine Häuserzeile aus dem Ende des 18./Anfang des 19. Jahrhunderts erhalten geblieben, an der das Bild der Stadt aus dieser Zeit zu erkennen ist. Die Neubrückstraße, die schon im 14. Jahrhundert als Straßenzug existierte, mündet in die **Ratinger Straße** mit ihrer Gaststätten- und Kneipenszene, von der Hausbrauerei Füchschen bis hin zur Disco Ratinger Hof, die aber mit der legendären Punk-Musik-Kneipe nichts mehr zu tun hat. Wir biegen nach links ab, sehen an den neuen Häusern ein Stück alte, denkmalgeschützte Fassade des **Palais Spinrath,** das wiederum auf den Grundmauern des ersten Nonnenklosters der Stadt, des Coelestine-

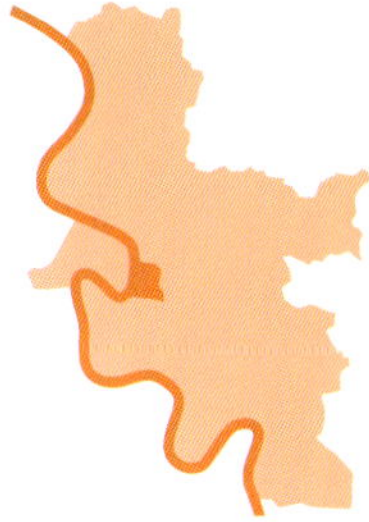

rinnenklosters, errichtet worden ist. Nur wenige Meter weiter auf der rechten Seite erhebt sich die **Kreuzherrenkirche, 4** die zum ersten Kloster von Düsseldorf gehörte und die direkt an die erste Stadtmauer angebaut wurde. Diese verlief in etwa im Bereich der Liefergasse, über die der Rundgang zum **Lewenhaus 5** führt. Dessen Kellergewölbe stammen aller Wahrscheinlichkeit vom ersten steinernen Haus der Siedlung an der Düssel, das schon lange vor der Stadterhebung existierte und zu dem Bauern ihre Abgaben liefern mussten – daher der Name Lewenhaus, übersetzt: Lieferhaus.

Lewenhaus bedeutet übersetzt: Lieferhaus.

Das Lewenhaus liegt direkt am **Lieferplätzchen,** das eine Säule vom alten, abgerissenen wilhelminischen Rathaus ziert

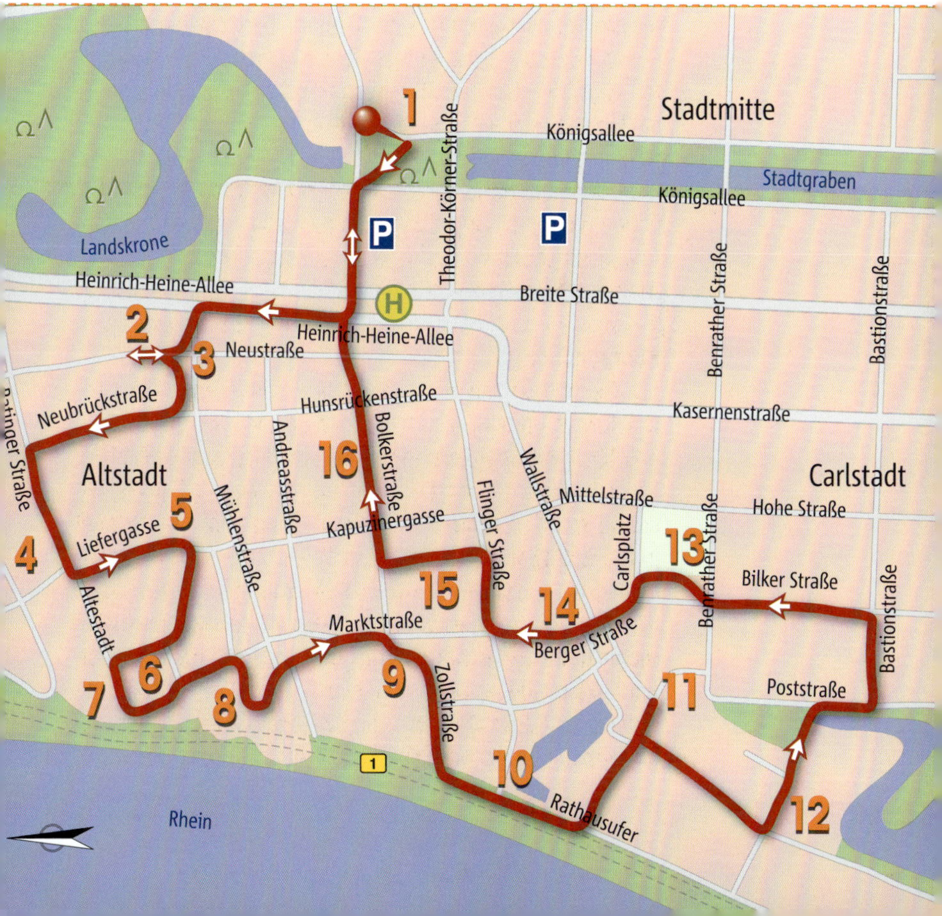

(siehe Seite 15). In seinem Untergrund wurden bei Kanalbauarbeiten Reste der ersten Stadtmauer gefunden. Die **Düssel,** die nur wenige Meter vom Lieferplätzchen entfernt offen gelegt ist, war als natürlicher Graben ebenfalls Teil der ersten Stadtbefestigung. Weiter geht es rechts in die Lambertusstraße zwischen einer ehemaligen Volksschule (links, heute Eigentumswohnungen) und dem neobarocken Wohnhaus Guntermann mit Kunst- und Rahmenhandlung (rechts) zur **Lambertusbasilika,** 6 deren Apsis und deren Turm mit seiner charakteristisch schiefen Dachspitze am Ende der Straße zu sehen sind. Wir umrunden die Kirche, gehen rechts entlang der Apsis vorbei und dann links an der Nordseite des Gotteshauses, vor der ein Fischerjungenbrunnen an das ursprüngliche Fischer- und Bauerndorf an der Düssel erinnern soll. Geprägt ist die Fassade durch die große Kreuzigungsgruppe Kalvarienberg, die auf den ältesten Friedhof Düsseldorfs direkt an der Lambertusbasilika hinweist.

Gegenüber liegt das Theresienhospital. In dem ehemaligen Krankenhaus und Altenheim des Ordens der Töchter vom hl. Kreuz sind jetzt Luxuswohnungen eingerichtet. An die Nonnen erinnert nur noch die Kirche des Klosters, die barocke **Josephskapelle** 7 an der Ecke der Rheinuferpromenade, die nach der Zerstörung im Zweiten Weltkrieg wieder aufgebaut wurde. Interessant sind die modernen Deckenfresken, die in barocker Maltechnik geschaffen wurden.

Wir umrunden die Kirche weiter, biegen links in den schmalen Durchgang zum Haupteingang ein und gelangen dann zum idyllisch anmutenden, Ruhe ausströmenden **Stiftsplatz.** Bei einem Besuch der Lambertusbasilika wird die besondere Architektur erlebbar. Die gotischen Seitenschiffe umgeben ähnlich einem Mantel die Mauern der kleinen Kirche, die bei der Stadterhebung schon bestand. Innerhalb dieser alten Kapellenmauern befindet sich der Altar mit Chorgestühl sowie dem Schrein des hl. Apollinaris.

Der hl. Apollinaris ist der Stadtpatron von Düsseldorf.

Vom Stiftsplatz geht es über die schmale Müller-Schlösser-Gasse zum **Burgplatz.** An ihrem Ende steht an der offen

Das Lewenhaus ist das älteste steinerne Gebäude von Düsseldorf.

Das Stadterhebungsmonument von Bert Gerresheim erzählt mit vielen Symbolen von Düsseldorfs Aufstieg zur Stadt.

Im Schlossturm dokumentiert ein Museum die Rheinschifffahrt.

gelegten Düssel das **Stadterhebungsmonument.** Der Bildhauer Bert Gerresheim erzählt mit vielen Symbolen und Andeutungen die Erhebung des Dorfes an der Düssel zur Stadt nach der siegreichen Schlacht von Worringen. Der Burgplatz wird beherrscht vom **Schlossturm, 8** dem einzig erhaltenen Teil des wehrhaften Schlosses der Landesherren am Rhein. Es füllte fast den gesamten, heute freien Burgplatz aus und brannte 1872 nieder. Eine Bronzetafel im Boden des Platzes in der Nähe des Schlossturms zeigt die Grundrisse der Residenz.

Gegenüber der Müller-Schlösser-Gasse mündet die Marktstraße auf den Burgplatz, die zum **Marktplatz mit dem Rathaus 9** führt. Dieser wird bestimmt durch das **Reiterstandbild von Jan Wellem** (Johann Wilhelm II., Regent von 1679 bis 1716, auch Kurfürst von der Pfalz). Mit dem von Gabriel de Grupello 1711 vollendeten Standbild wollte Jan Wellem seine Stellung als Herrscher unterstreichen. Er war als Truchsess ranghöchster Kurfürst und baute daher auch Düsseldorf zu einer Residenzstadt entsprechend der Vorstellung der Barockzeit aus. Das prächtige historische Rathaus mit seinem Turm und zwei Giebeln wurde jedoch schon lange vor der Regierungszeit von Jan Wellem im Jahr 1573 von

Das Reiterstandbild von Jan Wellem steht im Mittelpunkt des Platzes vor dem Rathaus.

Heinrich Tussmann fertiggestellt. Auf dieses Gebäude nahm die grundlegende Sanierung und Modernisierung des Rathauskomplexes (1969 beendet) Rücksicht. Die Fassade der ehemaligen Kanzlei neben dem Rathaus ist mit eingegliedert, ein Neubau auf der Westseite – am bronzenen Eingangsportal fallen das Mosaik des Stadtwappens und des stilisierten Rheins ins Auge – ersetzt den wilhelminischen Rathaustrakt. Hinter der historischen Fassade des Grupellohauses Ecke Zollstraße, in dem der Bildhauer des Jan-Wellem-Denkmals wohnte, wurden der Plenarsaal und Büros eingerichtet. Am Eingang der Zollstraße steht eine Nachbildung der **Skulptur Gießerjunge,** mit der Grupello an seinen Lehrjungen erinnert haben soll. Hinter den Fassaden der Barockhäuser auf der rechten Seite der Zollstraße befinden sich Rathausbüros. In einem der Häuser auf der linken Seite dreht sich im **Haus des Karnevals** alles um das Winterbrauchtum.

Die Zollstraße trifft auf die Rheinuferpromenade in Höhe der **Pegeluhr,** die sowohl den Wasserstand als auch die Tageszeit anzeigt. Sie wurde beim Bau der Hochwasserschutzmauer mit Promenade Anfang des 20. Jahrhunderts errichtet. Wir wenden uns nach links und erreichen nach wenigen Metern eine Brücke mit Ausblick auf den **Alten Hafen.** **10** Er ist eine Art Freilichtmuseum der Festungsstadt, von der die Ecke Bastion Spee der Citadelle (rechts), Reste der Stadtmauer von der ersten Stadterweiterung (links) und dahinter an den Treppenaufgängen Fundamente des alten Rheintors zu sehen sind. Die gut erhaltenen Bollwerke wurden bei den Ausschachtungen für eine Tiefgarage und den Autotunnel entdeckt. Die **Bastion Spee** wurde geborgen und auf dem Deckel der Tiefgarage wieder aufgebaut. Die Stadtplaner bildeten den Grundriss des Hafens nach, zur Belebung des Bildes soll der **Aalschokker** – ein Fischereisegelschiff niederländischen Typs – auf dem Wasser dienen.

Über die Brücke geht es weiter bis zur Ecke Schulstraße. Bevor wir dort links einbiegen, betreten wir rechts die Bastion von der alten Promenade und genießen den Rundblick über den Rhein – auf die Front der Altstadt mit Lambertuskirche und Schlossturm, auf das gegenüberliegende Oberkassel sowie auf die Hochhauskulisse des Medienhafens samt Landtag und Rheinturm.

Über die Schulstraße geht es in das Viertel der **Citadelle,** die im 16. Jahrhundert angelegt wurde, vorbei an den Mauerresten des alten Gefängnisses und des Palais Nesselrode über die Citadellstraße hinweg bis zur barocken **Maxkirche.** 11 Sie ist die Kirche des ehemaligen Franziskanerklosters, in dem heute das Zentrum der katholischen Kirche, das **Maxhaus,** untergebracht ist und in dem ein kleines Museum die Geschichte der Citadelle erzählt. Sie war im 17. und 18. Jahrhundert ein exklusives Wohnviertel mit repräsentativen Häusern, die noch heute die Citadellstraße prägen. Die Citadellstraße endet an der Bäckerstraße vor dem **Stadtmuseum,** 12 welches das alte Palais Spee mitbenutzt. Bevor wir links einbiegen, können wir den Blick auf die Häuser an der Berger Allee aus der Jugendstilzeit genießen und auf das ehemalige Mannesmann/Vodafone-Haus. Paul Schneider-Esleben baute dieses Hochhaus – das erste nach dem Zweiten Weltkrieg – nach den amerikanischen Architekturprinzipien des schnörkellosen Stahlskelettbaus mit vorgehängten Fensterfassaden.

Im ehemaligen Palais Nesselrode ist heute das Hetjens-Keramikmuseum untergebracht.

Die Bäckerstraße läuft auf den Treppeneingang zum **Rosengarten des Stadtmuseums** zu – ein idyllischer Ort zur Entspannung in gepflegter Gartenkultur. Wir folgen der Straße nach links, sehen im Hintergrund die Apsis der Maxkirche, umrunden die Mariensäule und gehen in die Poststraße bis zur Bastionstraße, vorbei an den Mauern der Bastion Diemantstein und der südlichen Düssel, die hier in einen Kanal zur Mündung in den Rhein fließt. Die Bastion ist der südöstliche Eckpunkt der Citadelle und bildet den Abschluss des Weihers **Spee'scher Graben,** zu dem Maximilian Friedrich Weyhe die Wassergräben der Festung umwandelte.

Die Bastionstraße führt links hinein in die **Carlstadt,** die Kurfürst Carl Theodor als Wohnviertel nach barockem Stadtmuster anlegen ließ. Die Carlstadt ist geprägt durch ansehn-

Am Alten Hafen sind Reste der Stadtmauern und Bastionen zu sehen.

1

Die barocke Maxkirche (r.) war ursprünglich Kirche des Franziskanerklosters.

In der hölzernen Spieluhr erscheint regelmäßig Schneider Wibbel.

liche Bürgerhäuser. Sie sind gut auf der Bilker Straße zu erleben, durch die links die Route am **Carlsplatz** 13 mit seinen Marktständen vorbei in die Berger Straße führt. Im Innenhof Berger Straße 18 liegt versteckt die **Berger Kirche,** 14 die die erste evangelische (lutheranische) Gemeinde Düsseldorfs errichtete. Der katholische Landesfürst hatte nur den Bau in einem Innenhof zugelassen.

Am Ende der Berger Straße biegen wir rechts am Haus Goldener Helm mit Barockfassade und der kleinen Likörkneipe Kabüffke in die Flinger Straße ein, eine Hauptachse der Altstadt, die heute durch Geschäfte für junge Mode geprägt ist. Nach wenigen Metern geht es links durch einen Durchgang in die **Schneider-Wibbel-Gasse,** 15 die erst 1957 auf dem Grundriss einer alten Passage des Kaufhauses Hartoch angelegt wurde. Vorbild für die Ziegelhäuser im heimattümelnden Stil war die Bremer Böttcherstraße. Die Gasse ist nach einer Theaterfigur des Dichters Hans Müller-Schlösser benannt. Schneider Wibbel musste eine Gefängnisstrafe antreten, schickte aber seinen Gesellen in den Knast. Der starb jedoch dort. So sah Wibbel seine eigene Beerdigung und kommentierte sie: „Wat bin ech för n schöne Leich'." Auf Schneider Wibbel weisen ein Relief am Eckhaus zur Bolkerstraße sowie eine hölzerne Spieluhr hin (Spielzeiten: 11, 13, 15, 18 und 21 Uhr).

Am Ende der Gasse geht es nach rechts in die **Bolkerstraße,** die mit ihren Brauereien, Kneipen und Discos der Altstadt die Kennzeichnung „Längste Theke der Welt" eingebracht hat. Links hinter einer Häuserlücke – die im Zweiten Weltkrieg zerstörten Gebäude wurden nicht wieder aufgebaut – ist die **Neanderkirche** **16** mit ihrem schlanken Turm zu sehen. Sie wurde von der reformierten evangelischen Gemeinde errichtet und durfte ebenfalls nur in einem Innenhof stehen. Zurück zum Ausgangspunkt des Rundgangs führt die Route dann weiter geradeaus über Elberfelder Straße und Corneliusplatz.

Die Neanderkirche ist nach dem Theologen und Liederdichter Joachim Neander benannt.

Wie Düsseldorf sich als Festungsstadt entwickelte

1159: Erste Erwähnung der Siedlung Düsseldorf in einer kaiserlichen Urkunde
1288: Erhebung Düsseldorfs zur Stadt/ erste Festungsanlagen
1382/1392: Erste Stadterweiterung
ab 1590: Befestigung mit Bastionen und Anlage der Citadelle
ab Ende des 17. Jahrhunderts: Barocke Befestigungsanlagen mit einem weitläufigen System von Wallanlagen und Gräben
ab 1801: Schleifen der Befestigung und Umwandlung in Grünanlagen (Spee`scher Graben, Königsallee, Heinrich-Heine-Allee, Hofgarten)

2 DIE CITY AN DER ALTSTADT

Start: K21 Ständehaus, Kunstsammlung Nordrhein-Westfalen, Ständehausstraße 1, 40217 Düsseldorf (GPS: 51.216509, 6.774084)
Länge: ca. 3,5 Kilometer bis zur U-Bahn-Station Klever Straße
Dauer: ca. 1,5 bis 2 Stunden
ÖPNV: Haltestelle Graf-Adolf-Platz, U-Bahn-Linien U71, U72, U73 und U83
Parken: Q-Park GAP 15, Graf-Adolf-Platz 15, 40213 Düsseldorf

Unterwegs entdeckt:

1 GAP 15
2 Verwaltungsgericht (Stahlhof)
3 Ehemaliger Stumm-Konzern
4 Wilhelm-Marx-Haus
5 Kunsthalle
6 Kunstsammlung NRW K20
7 Kunstwerk „Bilderraum" in der Passage Tonhalle/Ehrenhof
8 Ehrenhof
9 Rheingarten/Rheinterrasse
10 Golzheimer Friedhof

Essen + Trinken:

In der Innenstadt gibt es zahlreiche Restaurants und Cafés.
Ein besonderer Tipp:
Pardo Bar im Ständehaus, Ständehausstraße 1
40217 Düsseldorf, Tel. 02 11/91 32 81 38
www.kunstsammlung.de/besuchen/gastronomie.htm
(als Gesamtkunstwerk gestaltet vom in Kuba geborenen Künstler Jorge Pardo)

Wo Wirtschaft und Kultur sich treffen

Wie Perlen auf einer Schnur reihen sich viele bedeutende Museen Düsseldorfs aneinander; prächtige Verwaltungs- und Schulbauten aus dem 19. Jahrhundert sind Verbindungsstücke auf dieser Kette. Eine gezielte Stadtentwicklung ist Grund für diese Besonderheit. Im 19. Jahrhundert kamen in einer Zeit des wirtschaftlichen Aufschwungs die brachliegenden Flächen der ehemaligen Kaserne an der Kasernenstraße und die neuen Alleen auf den alten Festungsanlagen gerade recht für repräsentative Wirtschaftsbauten, die prägnante Akzente im heutigen modernen Büroviertel setzen. In den 1920er-Jahren setzten die Planer einen Akzent mit dem Ausstellungsgelände am Ehrenhof, das dann für Kunstsammlungen genutzt wurde. Nach dem Zweiten Weltkrieg schließlich ersetzten und ergänzten die Kunsthalle und das K20 am Grabbeplatz marode Altbauten. Mit der Gestaltung der Stationen der U-Bahn-Linie in diesem Bereich, der Wehrhahnlinie, brachten die Planer Kunst sogar unter die Erde. Der Rundgang lässt all diese Perlen erleben.

Zum Startpunkt des Rundgangs, zum **K21 im Ständehaus,** gelangen wir von der U-Bahn-Station wie vom Parkhaus über die Elisabethstraße. Vom Museumseingang am Ständehauspark mit der Skulptur Vater Rhein hat man einen schönen Blick über die Gartenanlage mit Kaiserteich und Schwanenspiegel im Stil des englischen Landschaftsgartens, die Gartenbauer Maximilian Friedrich Weyhe aus den Resten der Bastionen am südlichen Ende der Stadt und dem sumpfigen, von Düsselarmen durchzogenen Vorgelände geschaffen hat. Das Ständehaus wurde 1880 für den preußischen Provinziallandtag gebaut, denn Düsseldorf war seit 1824 Sitz der Verwaltung der preußischen Rheinprovinz mit einem Regierungspräsidenten. Im Zweiten Weltkrieg zerstört, wurde es wieder aufgebaut und beherbergte den NRW-Landtag bis zu dessen Umzug an den Rhein 1988. Nachdem es nach alten Plänen saniert und mit einer Glaskuppel versehen wurde, dient es seit 2002 als Museum K21 der Kunstsammlung NRW.

Das Ständehaus war lange Zeit der Sitz des Landtags.

Die Tour beginnt mit einer Umrundung des **Kaiserteichs** nach links über die Wasserstraße mit ihren bürgerlichen Wohnhäusern aus der Zeit um 1900, führt dann rechts in den Park über die Brücke zwischen den Teichen zur Elisabethstraße und dann weiter in die Kasernenstraße. An deren Anfang setzt das ellipsenförmige Hochhaus **GAP 15** 1 (Architekten JSK) den modernen Schlusspunkt eines Viertels mit repräsentativen Bauten, das für einen Schub in der Stadtentwicklung zu Beginn des 20. Jahrhunderts steht. Dieser war möglich, weil alte Kasernen auf diesem Areal nicht mehr benötigt und abgerissen wurden. Die Verbindung zwischen Alt und Neu ist sinnfällig beim GAP-15-Ensemble, zu dem auch ein fünfstöckiger Flachbau gehört, dessen Fassade an der Karl-Theodor-Straße noch von dem ehemaligen Telegrafen- und Fernmeldeamt (1921) stammt. Er ist über ein Glasdach mit dem Hochhaus verbunden.

An der anderen Seite der Karl-Theodor-Straße erinnert an dem Bürogebäude eine Gedenktafel an Louise Dumont und Gustav Lindemann, die das Schauspielhaus Düsseldorf leiteten. Es war im neobarocken Stil 1905 an dieser Stelle erbaut und 1943 bei einem Bombenangriff zerstört worden. Auch die ehemalige Synagoge im neoromanischen Stil, die gegenüber an der Kasernenstraße lag, ist zerstört. Sie wurde 1938 in der Reichspogromnacht niedergebrannt, doch ein Gedenkstein weist auf sie hin.

Viele der repräsentativen Bauten sind aber noch erhalten. So auch das **Walzstahlhaus** (1940 fertiggestellt, Architekten Heinrich Rosskotten und Karl Wach) an der Kasernenstraße, das durch das große Portal mit Skulpturen mitten in der gleichmäßigen Fassade auffällt. Es wird auch **Neuer Stahlhof** genannt, weil es die Büros des benachbarten Alten Stahlhofs ergänzte. Heute wird das Gebäude auch von der Redaktion des Handelsblattes genutzt und ist deshalb durch einen gläsernen Straßenübergang mit dem gegenüberliegenden Hauptsitz des Medienunternehmens verbunden.

Der **Stahlhof** 2 war der Sitz des Stahlwerksverbandes. Auch mit dieser Industrieorganisation begründete Düsseldorf,

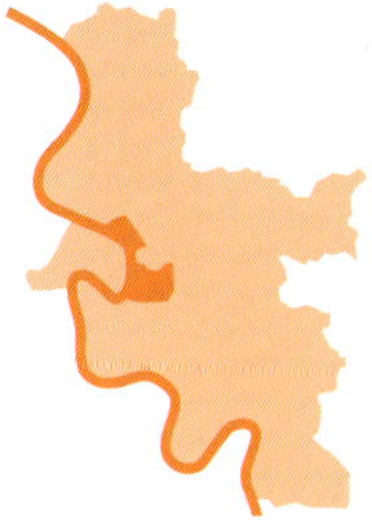

selbst Standort für etliche Stahlfabriken, seinen Ruf als Schreibtisch des Ruhrgebietes. Der Stahlhof im klassizistischen Stil (1908 vollendet, Architekt Johannes Radke) füllt die gesamte Länge der Bastionstraße zwischen Kasernen- und Breite Straße aus. Wir biegen daher nach rechts in die Bastionstraße ab, schauen noch auf das gegenüberliegende **Luisengymnasium** (Architekt Johannes Radke), um dann die Architektur des Stahlhofes – heute Sitz des Verwaltungsgerichtes – und die vielen Schmuckelemente sowie Reliefs mit Szenen aus der Arbeitswelt auf uns wirken zu lassen. Auffällig sind die farbigen Dachziegel und der Turm über dem Giebel des Haupteingangs.

Das Luisengymnasium wurde 1907 als Mädchen-Lyzeum eröffnet.

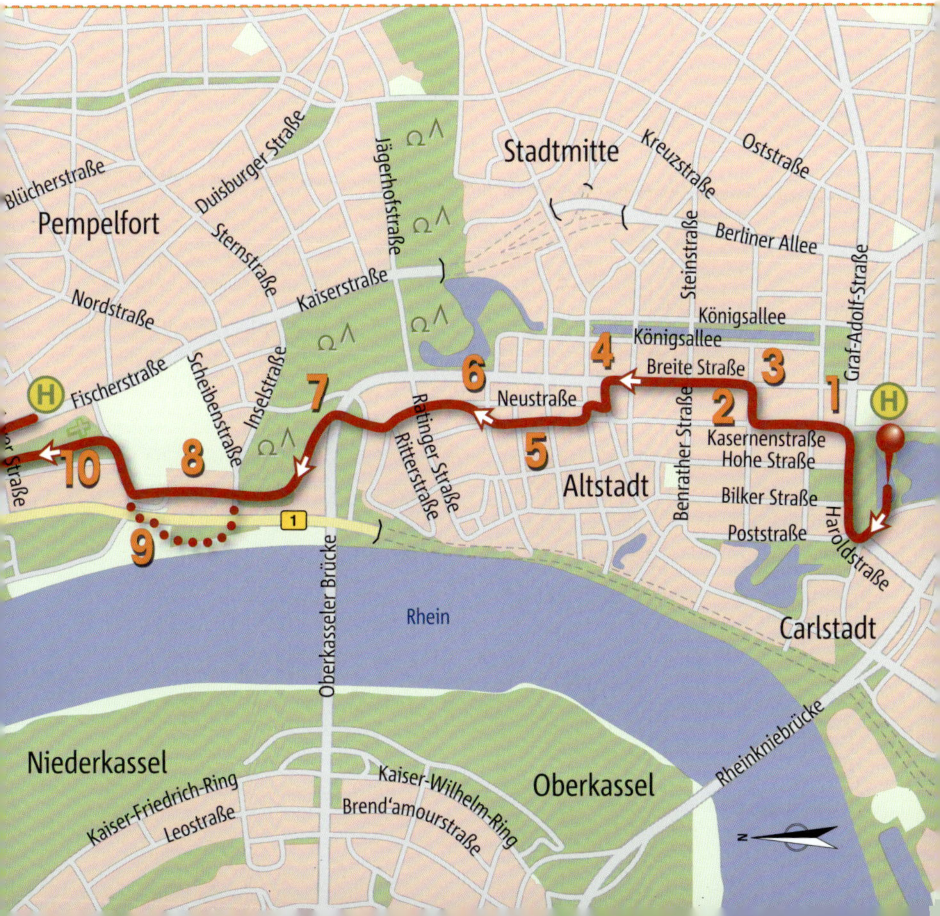

Das Ensemble GAP 15 verbindet das Hochhaus mit dem denkmalgeschützten ehemaligen Telegrafenamt.

Das K20 erinnert an einen edlen Klavierflügel.

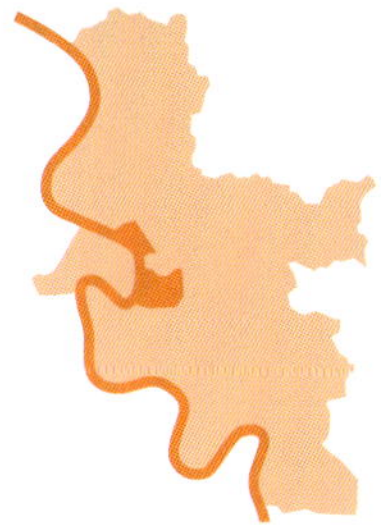

Bei einem kleinen Abstecher nach rechts in die Breite Straße zum Nachbarhaus des Stahlhofs lernen wir einen völlig anderen Baustil kennen: eine expressive Ziegelsteinarchitektur, die ab den 1920er-Jahren als modern galt. Für sie steht dieses Gebäude des ehemaligen **Stumm-Stahlkonzerns. 3** Architekt Paul Bonatz betont mit seinem Entwurf (1925) die Vertikale und das Aufstrebende und nimmt damit dem Bau die Erdenschwere.

In entgegengesetzter Richtung geht es weiter über die Breite Straße zur ehemaligen **Zentrale der Commerzbank** (1912 fertiggestellt, Architekten Carl Moritz und Werner Stahl). Die zweigeschossige Schalter- und Kassenhalle mit dem Eckturm zieht die Aufmerksamkeit auf sich, weil sie die hohen Bankgebäude zwischen Breite und Kasernenstraße unterbricht und auflockert. Etwas weiter an der gegenüberliegenden Straßenseite ist im Neubau der Commerzbank (vormals Dresdner Bank) die Fassade des ursprünglichen Gebäudes für die „Rheinisch-Westfälische Disconto-Gesellschaft" aus dem Jahre 1906 (Architekt Carl Moritz) eingelassen. Die Bankgebäude aus dieser Zeit haben den Charakter von Finanztempeln, weil den Geldinstituten beim damaligen industriellen Aufschwung große Bedeutung als Kreditgeber beigemessen wurde. Auch deshalb entstand damals der Bankenplatz Düsseldorf.

Nur wenig weiter sorgt das **Wilhelm-Marx-Haus 4** mit seiner Ziegelbauweise wieder für einen architektonischen Kontrast. Es schrieb mit seinen zwölf Geschossen einschließlich der Attika-Etage Baugeschichte. Architekt Wilhelm Kreis betonte mit den unterschiedlichen Anordnungen der Ziegel, mit Beton- und Steinbändern sowie Bögen die Horizontale und bremste den Höhenflug des Hochhauses. Wir gehen links unter den Arkaden des Wilhelm-Marx-Hauses entlang, biegen sofort rechts in den Innenhof mit seinem Musikbrunnen und erreichen durch einen Tordurchgang den Platz vor dem Kaufhaus **Carsch-Haus** mit dem Musikpavillon, der originalgetreu dem Pavillon

Das Wilhelm-Marx-Haus wurde 1924 als erstes Hochhaus Deutschlands eröffnet.

Die gärtnerische Gestaltung im Ehrenhof unterstreicht die architektonische Konzeption.

nachgebildet wurde, der bis zum Bau des Wilhelm-Marx-Hauses auf diesem Platz am Ende der kleinen Siegesallee (siehe Route 3, Seite 48) stand und ein beliebter Veranstaltungsort war.

Das **Carsch-Haus** im klassizistischen Stil (eröffnet 1915, Architekt Otto Engler) dokumentiert den Typ des repräsentativen Warenhauses dieser Zeit genauso wie der schräg gegenüberliegende, sechs Jahre jüngere Kaufhof (siehe Route 3, Seite 38).

Hinter dem Carsch-Haus verläuft die Route erst nach links und dann rechts in die Hunsrückenstraße zum Grabbeplatz zwischen der Andreaskirche (siehe Route 1, Seite 10) und **Kunsthalle** **5** (1967 eröffnet, Architekten K. Beckmann und Ch. Brockes). Der wuchtig-massiv wirkende Betonbau, der architektonisch nicht auf die anderen stilistisch verschiedenen Gebäude am Grabbeplatz eingeht, ersetzt die alte, wegen Baufälligkeit 1959 abgerissene Kunsthalle, deren vier Karyatiden vom Eingangsportal jetzt vor der neuen Kunsthalle stehen. Mit dem Ofenrohr von Joseph Beuys (gegenüber der Andreaskirche) und dem dünnen roten Farbstrich „Träne" von James Lee Byars (neben der Fensterfront des Haupteingangs) wird die brutal wirkende Fassade subversiv unterbrochen.

Über den Grabbeplatz gehen wir zur Passage des **K20** **6** (Kunstsammlung NRW), das mit seiner spiegelnd-glänzenden schwarzen Granitfassade an einen edlen Flügel erinnert (1986 eröffnet, 2010 erweitert, Architekten Dissing und Weitling), und kommen über den Paul-Klee-Platz mit dem Rest der Stadtmauer (siehe Route 1, Seite 10) und dem Wandmosaik „Hornet" von Sarah Morris dann weiter über die Straße Ratinger Mauer und Mühlengasse zur Kunstakademie am Eiskellerberg. Das 1879 vollendete Gebäude (Architekt Hermann Riffart) prägt mit seiner reich gegliederten Fassade und den gelben Ziegelsteinen die nördliche Grenze der Altstadt. Die **Kunstakademie,** deren Ursprünge im Jahr 1773 liegen, hat sich von jeher in allen Epochen durch progressive Künstler einen Namen und Düsseldorf als Kunststadt bekannt gemacht.

Die weitere Strecke zum Museumszentrum Ehrenhof führt selbst durch ein Kunstwerk, durch den **Bilderraum,** **7** den

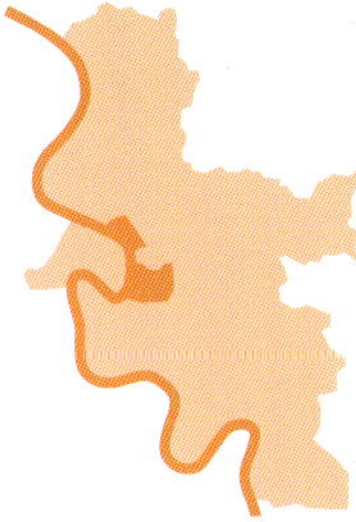

Stefan Hoderlein im Rahmen der Gartenausstellung Euroga 2002 in der Passage unter der Rampe der Oberkasseler Brücke geschaffen hat. Mit Tausenden von Dias, die die mediale Reizüberflutung symbolisieren sollen, hat er die Wände der Passage zu einer Lichtkomposition gemacht. Am Ende der Passage geht es nach links zur **Tonhalle,** die im ehemaligen Planetarium des Ehrenhofes 1978 eingebaut wurde. Der Rundbau mit Kuppel auf einem eckigen Unterbau ist eine Stirnseite des Ehrenhofes, den Architekt Wilhelm Kreis für die Ausstellung „Gesundheit, soziale Fürsorge und Leibesübungen" – besser bekannt unter dem Kürzel GeSoLei – im Jahr 1926 als ein Ensemble rund um eine grüne Achse entworfen hat. Es wirkt geschlossen, aber nicht monoton, weil die einzelnen Gebäude mit den Ziegelfassaden, den nach außen gestellten Sockeln, den Steinbändern sowie mit Toren und Säuleneingängen unterschiedlich gestaltet sind. Die damals moderne Ziegelbauweise drückt den Anspruch Düsseldorfs als eine fortschrittliche Stadt aus. Heute ist der **Ehrenhof** **8** mit dem NRW-Forum, dem Kunstmuseum und dem Kunst-

Die Tonhalle ist wegen ihrer Kuppel unverwechselbar.

palast ein Ausstellungszentrum. Im Inneren der Gebäude wird die Architekturauffassung der 1920er-Jahre deutlich. Ausnahme ist der Kunstpalast, der baufällig war und als moderner Museumsbau hinter der alten Fassade hochgezogen wurde, zusammen mit dem Rundbau des E.ON-Konzerns (Architekt Mathias Ungers).

Von der Tonhalle aus überqueren wir die Oederallee und gehen auf der Mittelachse zur anderen Stirnseite des Ehrenhofs mit dem großen Durchgangstor und weiter an der Hauptverwaltung des Ergo-Versicherungskonzerns vorbei bis zur Südseite des Regierungspräsidiums.

Ein Denkmal erinnert an das Düsseldorfer Ulanenregiment.

Lohnenswert ist aber ein kleiner Schlenker nach links zwischen den beiden Tortempelchen am Durchgang Inselstraße auf das Ulanendenkmal am Rheinufer zu. Wir halten uns rechts, statten dem idyllischen Rhein-

Das Grab von Maximilian Friedrich Weyhe (r.) liegt auf dem Golzheimer Friedhof.

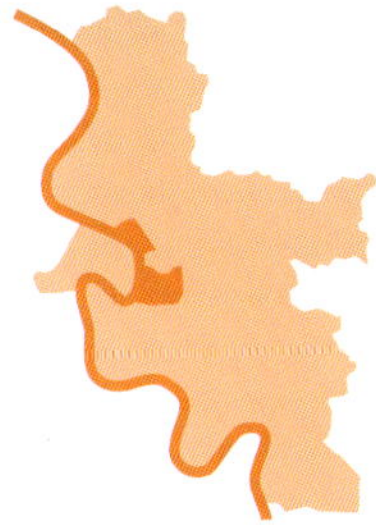

gärtchen mit Blick auf den Rhein einen Besuch ab, kommen dann an der **Rheinterrasse** 9 vorbei – einer Art Brückenkopf des Ehrenhofs am Rhein –, überqueren die Straße und erreichen den Weg (Sittarder Straße) an der Südseite des **Regierungspräsidiums,** das 1911 als Sitz des preußischen Regierungspräsidenten im neobarocken/klassizistischen Stil errichte wurde und durch seine kupferne Dachlaterne mit Adler auffällt. Mit dem nördlich angrenzenden **Oberlandesgericht** (1910 eröffnet) bildet es eine architektonische Einheit.

Die Route führt über den Weg an der Südseite des Regierungspräsidiums zum **Golzheimer Friedhof,** 10 der ab 1805 als zentraler Friedhof von Düsseldorf angelegt und 1897 geschlossen wurde, weil für neue Gräber kein Platz mehr war. Etliche Grabtafeln und Monumente blieben aber erhalten und erinnern an bekannte Düsseldorfer. Auch Maximilian Friedrich Weyhe hat dort seine letzte Ruhestätte (Hinweistafeln an den Eingängen verweisen auf wichtige Grabstätten). Der Golzheimer Friedhof ist eingerahmt von Regierungspräsidium und Oberlandesgericht sowie den gläsernen Bürobauten der Ergo-Versicherung mit dem weithin sichtbaren kreisrunden Turm und wird so zu einer besinnlichen grünen Insel.

Am Ende des südlichen Teils liegt rechts die U-Bahn-Station Klever Straße. Um auch das **unterirdische Düsseldorf** ein wenig kennenzulernen, nutzen wir die Bahn für den Rückweg und erleben dabei unterschiedliche Ansätze für die Gestaltung der U-Bahn. Wir nehmen die U-Bahn-Linien U78 oder U79 Richtung Heinrich-Heine-Allee. Die rein zweckmäßig ausgestatteten Stationen wirken dunkel und erinnern an Tunnel. An der Heinrich-Heine-Allee steigen wir um in die Bahnen U71, U72, U73 und fahren zwei Stationen bis zum **Haltepunkt Graf-Adolf-Platz** auf der jüngsten, erst 2016 eröffneten Strecke, der sogenannten Wehrhahnlinie. Deren Stationen sind als heller unterirdischer Stadtraum konzipiert, der durch kegelförmige Lichtschlitze hell und mit dem oberirdischen Straßenraum verbunden ist. Alle Stationen der Wehrhahnlinie sind zudem von Künstlern gestaltet.

3 RUND UM KÖ UND HOFGARTEN

Start/Ziel: Bastionstraße/Ecke Königsallee, 40213 Düsseldorf (GPS: 51.221548, 6.778311)
Länge: ca. 4 Kilometer
Dauer: ca. 2 Stunden
ÖPNV: Haltestelle Steinstraße, U-Bahn-Linien U70, U74, U75, U76, U77, U78 und U79
Parken: etliche Parkhäuser an der Königsallee, z. B. Stilwerk, Kö-Galerie, Sevens, Schadow Arkaden, Carsch-Haus (Parkleitsystem folgen)

Unterwegs entdeckt:

1 Brücke Bastionstraße
2 Girardet-Brücke
3 Tritonenbrunnen
4 Corneliusplatz
5 Kaufhof an der Kö
6 Libeskind-Bauten
7 Haus der Universität
8 Goldene Brücke
9 Jröner Jong
10 Schloss Jägerhof
11 Weyhe-Denkmal
12 Malkasten
13 Goltsteinparterre
14 Schauspielhaus
15 Dreischeibenhaus
16 Johanneskirche
17 Kleine Siegesallee
18 Schadow Arkaden
19 Kö-Center

Essen + Trinken:

In der Innenstadt gibt es zahlreiche Restaurants und Cafés.
Ein besonderer Tipp:
Café im Foyer der Johanneskirche
Martin-Luther-Platz 39, 40212 Düsseldorf
Tel. 02 11/13 58 11
www.johanneskirche.org/stadtkirche/cafe-im-foyer.html
(ein ruhiges, modern gestaltetes Café im hohen Kirchenraum)

Das grüne Herz der Stadt

Das Baumdach der Platanen, das leicht glitzernde Wasser des Stadtgrabens mit seinen Brücken, die repräsentativen Bauten – mit dem Rundumblick von der Brücke über den Stadtgraben zwischen Grün- und Bastionstraße sind die charakteristischen Eigenschaften und Schönheiten der Königsallee zu erleben. Sie gilt als Prachtboulevard und ist zum internationalen Markenzeichen von Düsseldorf geworden. Entstanden ist sie aufgrund der Weitsicht von Stadtplanern, die nach dem Frieden von Lunéville im Jahr 1801 eine grundlegende Weiterentwicklung der Festungsstadt vorschlugen: Auf den Flächen der Wehrgräben und Bollwerke, die auf Befehl von Napoleon geschleift werden mussten, wollten sie eine rund 1000 Meter lange Allee mit einem 30 Meter breiten Wassergraben schaffen, die am nördlichen Ende in den Weiher Landskrone des Hofgartens übergeht. Nachdem Napoleon sein Einverständnis gegeben hatte, wurde die Allee nach den Plänen des Gartenbauers Maximilian Friedrich Weyhe gestaltet.

Brücken über den Stadtgraben entstanden erst nach und nach, die an der **Bastionstraße** 1 – unserem Startpunkt – wurde 1905 mit einer damals modernen Metallkonstruktion errichtet. Mit ihren Sandsteinverblendungen und dem kunstvoll gestalteten Gitter entspricht sie der angestrebten repräsentativen Gestaltung der Königsallee, die auch die Gebäude erfüllen. So auch das **Görres-Gymnasium** an der Ecke Königsallee/Bastionstraße. Bemerkenswert an dem Gebäude im neobarocken Stil mit reich verzierter Fassade ist der Turm über dem ehemaligen Haupteingang, in dem sich die umfangreiche Bibliothek des Gymnasiums befindet.

Vor dem Gymnasium steht seit 1909 der sogenannte Neckerei-Brunnen, eine Skulptur mit drei Knaben.

Von der Brücke aus rechts in Richtung Hofgarten bietet es sich an, unter den Platanen am Wassergraben zu laufen und von dort aus die Häuserzeile mit ihren interessanten Gebäuden unterschiedlicher Epochen zu betrachten. Von der

Wohnhauskultur an der herausragenden Lage Königsallee vermitteln die beiden einzigen noch erhaltenen herrschaftlichen Wohnhäuser Königsallee 49 (im Renaissancestil) und 51 (neubarocker Stil) einen Eindruck. Da die Bauten unter Denkmalschutz stehen, restaurierte sie die Deutsche Bank in den 1970er-Jahren vorbildlich und verband sie mit ihren neuen Gebäuden. Die übrigen Wohnhäuser fielen den Verwaltungsneubauten zum Opfer, die Banken dort hochzogen. Die Westseite der Königsallee hatte sich zum Banken- und Verwaltungszentrum entwickelt, während sich auf der gegenüberliegenden Ostseite der Königsallee Modegeschäfte, Juweliere und Galerien ansiedelten. Diese Trennung ist inzwischen aufgeweicht – auch weil der Finanzplatz Düsseldorf an Bedeutung verloren hat –, und auf der Westseite findet sich mehr und mehr ebenfalls exklusive Mode. Beispielsweise im **Girardethaus,** das Architekt Hermann van Endt 1907 für den Verleger Wilhelm Girardet errichtete. Markenzeichen des Hauses ist eine Uhr im Jugendstil mit goldenem Hahn, die die Ecke Königsallee/Trinkausstraße markiert. Die **Brücke über den Stadtgraben** 2 vor dem Haus trägt ebenfalls den Namen des Verlegers. Sie hebt sich von den anderen Brücken ab durch ihre steinerne Konstruktion, durch die Pylonen mit Kandelabern sowie durch die wasserspeienden Fischgötter am Fuße der Pylonen.

Mit den Fischgöttern werden Motive des nicht weit entfernten **Tritonenbrunnens** 3 (1902 fertiggestellt) am nördlichen Ende des Stadtgrabens wieder aufgegriffen. Als Thema für dieses raumgreifende neobarocke Ensemble wählte der Bildhauer Fritz Coubillier den Gott Triton, Sohn des Poseidons, der gegen einen riesigen Fisch kämpft. Die Brunnenanlage hatte der Verschönerungsverein von Düsseldorf in Auftrag gegeben, weil das nördliche Ende einen der Königsallee angemessenen Abschluss bekommen sollte. Ursprünglich verlief der Stadtgraben durchgehend bis hin zu einer Ausbuchtung des Weihers Landskrone im neuen Teil des Hofgartens, der

Fritz Coubillier war ein Meisterschüler der Düsseldorfer Kunstakademie.

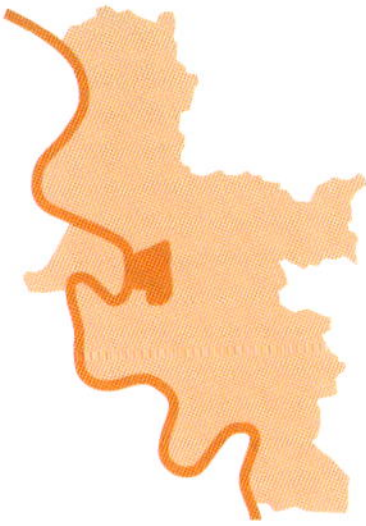

ebenfalls auf dem Gelände der ehemaligen Festungsbastionen liegt und den Maximilian Friedrich Weyhe anlegte. Nur eine Brücke führte in diesem Bereich über das Wasser. Weil deren Kapazität für den Verkehr zur Altstadt aber nicht ausreichte, ließen die Stadtplaner 1880 ein Teilstück des Grabens zuschütten und schufen den Corneliusplatz. Der unansehnliche Abschluss des Grabens rief geradezu nach einer Aufwertung.

Nach einem genießenswerten Ausblick auf die Königsallee in ihrer ganzen Länge von der halbrunden Bastion über der Tritonengruppe aus geht es weiter zum **Corneliusplatz** 4 mit dem Schalenbrunnen, vorbei an der grünen Normaluhr aus dem Jahr 1902. Sie ist von jeher beliebter Treffpunkt für

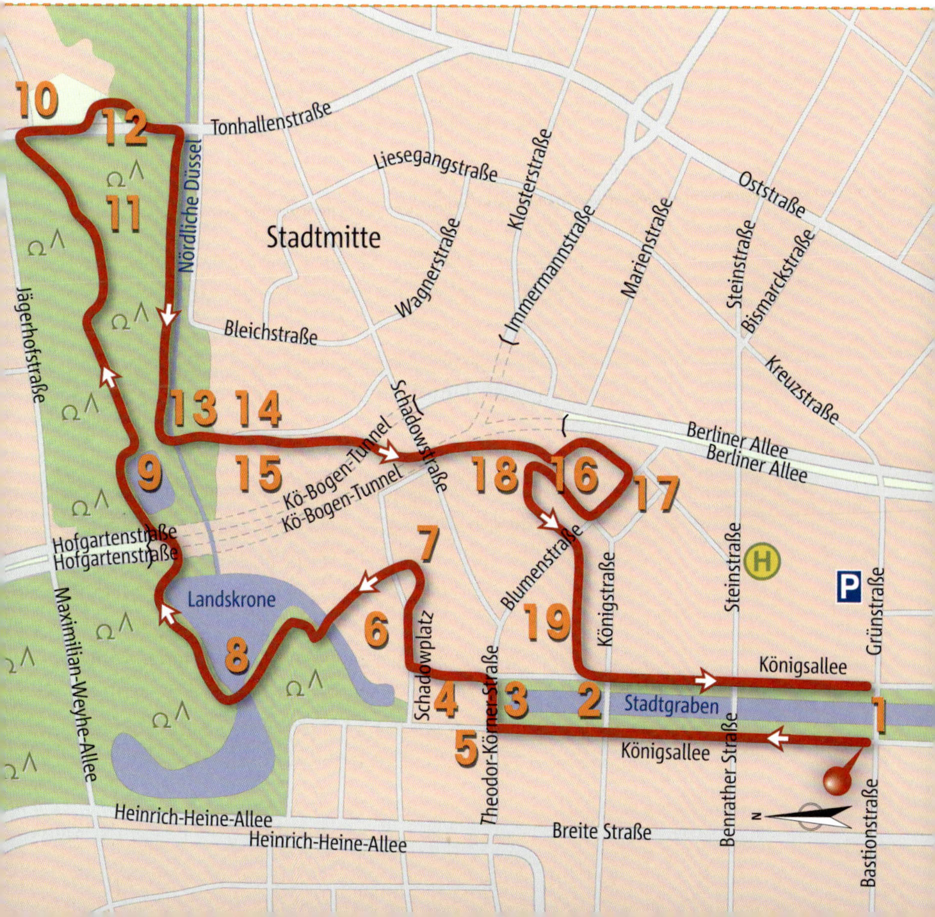

Rendezvous und wird daher liebevoll „Verlobungsuhr“ oder „schlanke Mathilde“ genannt.

Das Gärtchen mit Magnolienbäumen rund um den kleeblattförmigen Schalenbrunnen soll die kahle Fläche des Corneliusplatzes gliedern. Der 1882 aufgestellte Brunnen zeigt wiederum Motive rund um das Wasser. So tragen Meeresgottheiten die untere Brunnenschale. Der Brunnen samt Garten musste 2007 der Baustelle für den U-Bahn-Bau weichen und wurde 2017 wiederhergerichtet. Der Platz gewinnt seine Schönheit auch durch das Kaufhaus **Kaufhof** 5 im Jugendstil. Schmale, hohe Fenster, durch Mauerrippen abgesetzt und durch hohe Dachgauben abgeschlossen, lassen den ausladenden Häuserblock schlank wirken. 1909 wurde es von Joseph Maria Olbrich erbaut, die Reliefs schuf Bildhauer Johannes Knubel. Inhaber des Kaufhauses war damals Leonhard Tietz, der wegen der Repressalien durch die Nationalsozialisten das Kaufhaus nicht mehr halten konnte. Es wurde 1935 von der Kaufhof AG übernommen.

Am Garten mit dem Schalenbrunnen vorbei führt der Weg direkt zur westlichen Spitze der **Libeskind-Bauten.** 6 Sie tragen den Namen ihres Architekten Daniel Libeskind, der die beiden geschwungenen, eng nebeneinanderstehenden, durch einen Übergang verbundenen Bauten mit Büros, Gastronomie, exklusiven Geschäften und einem Kaufhaus entwarf. Sie sind der zentrale Punkt des Kö-Bogens, mit dem die Nahtstelle zwischen Königsallee und Hofgarten völlig neu gestaltet wurde. Das Städtebauprojekt bekam seinen Namen durch die grundlegende Idee, den Weiher Landskrone bogenförmig zum Ende der Königsallee zu führen – teils auf der Fläche des alten Jan-Wellem-Platzes, der 1962 als Straßenbahnknotenpunkt angelegt, aber durch die U-Bahn überflüssig geworden war. Ursprünglich war das Viertel mit der hervorragenden Lage am Hofgarten wegen seiner repräsentativen Wohn- und Bankgebäude bekannt. Diese fielen aber größtenteils den Bomben im Zweiten Weltkrieg zum Opfer. Zeugnis dieser Epoche geben noch zwei Bankhäuser: das Art-déco-Haus an der Ecke Corneliusplatz sowie das 1897 errichtete

Blicke auf den Stadtgraben:
nach Norden mit der
Brücke Bastionstraße …

… und nach Süden über die
Tritonengruppe hinweg.

Gebäude im Stil des Historismus am Schadowplatz. Heute dient es als „Haus der Universität" und wird als eine Art City-Brückenkopf der Heinrich-Heine-Universität gesehen, die ihren Campus am Rande des Stadtteils Bilk hat.

Um das **Haus der Universität 7** zu erreichen, biegen wir vor dem Libeskind-Bau rechts ab und gehen wenige Meter bis zum Schadowplatz, der die dicht stehenden Häuser mit seiner freien Fläche und einem Baum im Mittelpunkt auflockert. Ihm gegenüber öffnet sich ein Durchgang zwischen den Libeskind-Bauten, der direkt zum Hofgarten und auf eine Brücke über den Weiher Landskrone führt. Sie bietet nach rechts einen Ausblick auf den breiten Weiher und nach links auf den neuen bogenförmigen Wassergraben zur Kö hin, auf den Corneliusplatz mit dem Kaufhof und dem benachbarten traditionsreichen Steigenberger Parkhotel. Rechts davon, vor den Bäumen des Parks, ist das große, von Adolf Donndorf gestaltete Denkmal für Peter von Cornelius zu sehen, den ersten Direktor der Düsseldorfer Kunstakademie, nach dem auch der Platz benannt wurde.

Der „Jröne Jong" ist ein Wahrzeichen des Hofgartens.

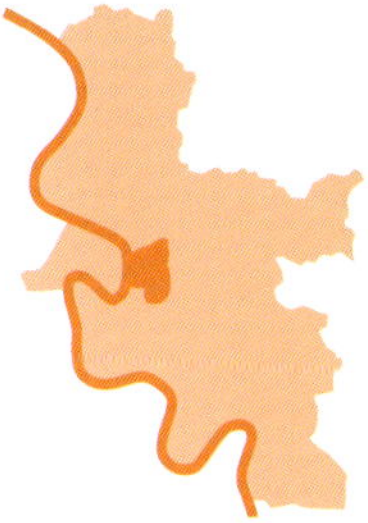

Von der Brücke aus geht es links und dann direkt rechts zum Kriegerdenkmal für die gefallenen Soldaten im Krieg 1870/71, gestaltet vom Düsseldorfer Bildhauer Carl Hilgers. Im Kontrast dazu steht die moderne Skulptur „Reclining Figure in two Parts“ von Henry Moore gegenüber dem Kriegerdenkmal.

Der Weg stößt nach wenigen Metern an das Ufer des Weihers Landskrone und führt dann links am Ufer entlang zur **Goldenen Brücke.** **8** Sie ist ein Dreh- und Angelpunkt des Hofgartens. Maximilian Friedrich Weyhe hat sie in die Sichtachse zwischen der Altstadt und Schloss Jägerhof gelegt, das am Horizont zwischen den Bäumen der Jägerhofallee schimmert, ein wenig verdeckt durch die Fontäne der Brunnenanlage **„Jröner Jong“** **9** im Wasserbecken eines barocken Spiegelweihers. Er gehört zum ältesten, bereits 1770 fertiggestellten Teil des Parks, der dann Anfang des 19. Jahrhunderts von Maximilian Friedrich Weyhe auf den Flächen der Stadtbefestigungen mit dem Bereich Landskrone zur Altstadt hin sowie einem weiteren nördlich gelegenen Teil zum Rhein hin erweitert wurde.

Der grüne Algenbelag gab dem „Jrönen Jong“ seinen Namen.

Zu dem ältesten Teil des Hofgartens geht es nach Überqueren der Brücke auf dem Uferweg. Nach wenigen Metern liegt links der **Märchenbrunnen.** Der Bildhauer Max Blondat komponierte 1905 die Szene mit drei Kindern, die voll Freude Frösche – darunter vielleicht den Froschkönig? – beobachten.

Ein Stück weiter fällt die knapp fünf Meter hohe **Skulptur „Mahner“** des Bildhauers Vadim Sidur ins Auge, der als Rufer für Frieden und Gerechtigkeit gesehen werden kann. Folgt man seinem Blick, fallen die Libeskind-Bauten ins Auge, deren Halbrund die Linie der ehemaligen Hofgartenstraße nachzeichnet. Deren Häuser lagen seinerzeit allerdings hinter einer geschlossenen Baumreihe am Ufer des Weihers. Die Neubauten ließen keinen Platz mehr für Bäume bis auf einige Japanische Kirschen. Als eine Art Ersatz hat Libeskind fünf schräge Einschnitte in die Fassade der Bauten geschaffen, die bepflanzt sind und gleichsam das Grün des Hofgartens mit in die Gebäude ziehen. Konsequenter macht das der neue Geschäftsbau am Rande des Gustaf-Gründgens-Platzes, dessen schräge, begrünte Fassade neben den Libeskind-Bauten im Hintergrund auftaucht. In Pflanztrögen sind mehrere Hundert eigens herangezogene Hainbuchen gesetzt – insgesamt eine etwa acht Kilometer lange Hecke.

Wir umrunden den Weiher Landskrone und gehen dann kurz vor der Düssel mit den Brücken links den Hang hinauf über die Straßenbahngleise, sehen links das Hofgärtnerhaus, das 1770 für den Verantwortlichen des Hofgartens gebaut wurde, und erreichen das Bassin des **Spiegelweihers** mit der Skulptur eines Tritons, der beim Fischefrühstück von einem Nilpferd gestört und erschreckt wird. Unter der Wasserfontäne bilden sich auf dem Kalkstein schnell Algen. Deshalb wird er von den Düsseldorfern „Jröner Jong" genannt. Er markiert den Endpunkt einer breiten, mehrreihigen Allee, die vom **Schloss Jägerhof** **10** ausgeht. Kurfürst Carl Theodor, der auch die Anlage des Hofgartens als ersten öffentlichen Garten im deutschsprachigen Raum 1769 bewilligt hatte, ließ es als Sitz für seinen bergischen Oberjägermeister 1773 errichten. Es diente später mehreren Herrschern als Residenz, unter anderem den Fürsten der katholischen Linie Hohenzollern-Sigmaringen, von denen Fürst Karl Anton preußischer Ministerpräsident war. Auch Stephanie von Hohenzollern-Sigmaringen lebte einige Jahre auf Schloss Jägerhof. Sie war aufgrund ihrer sozialen Fürsorge populär. An sie erinnert eine Büste auf einer Stele an der rechtwinkligen Abzweigung des zweiten Weges rechts von der Jägerhofallee Richtung Schloss. Hinter der Stele geht es sofort links zu einem Denkmal für **Maximilian Friedrich Weyhe.** **11** Dem kreativen und zu seiner Zeit führenden Gartenbaumeister hat Düsseldorf neben dem Hofgarten auch viele andere Grünanlagen zu verdanken, darunter zum Beispiel den Schlosspark Kalkum. Der Weg führt am Rondell des Denkmals vorbei halb links zurück zur Jägerhofstraße, rechts ist die an spanische Hoffräuleins erinnernde Skulpturengruppe „Meninas" von Manolo Valdés zu sehen.

Schloss Jägerhof, hier die Rückfront mit Garten, war einst Amtssitz von Fürsten und beherbergt heute das Goethe-Museum.

Nach dem Überqueren der Jacobistraße führt die Route vorbei am Schloss Jägerhof, das heute das Goethe-Museum beherbergt, über einen Parkplatz zum **Malkasten-Ensemble** **12** mit dem alten **Jacobihaus** an der Düssel, benannt nach seinen Bewohnern, der Familie Jacobi. Deren bekanntestes Mitglied ist der Philosoph Friedrich Heinrich Jacobi, in dessen Haus sich die Geistesgrößen des 18. Jahrhunderts trafen, allen voran Johann Wolfgang von Goethe. Das Anwesen erwarb 1861 der Künstlerverein Malkasten, der einen freien Gedankenaustausch zwischen Künstlern, Kunstliebhabern und kulturell engagierten Bürgern pflegen und fördern will. Er ergänzte das Jacobihaus durch ein Gesellschaftshaus, das nach seiner Zerstörung im Zweiten Weltkrieg von Helmut Hentrich neu aufgebaut wurde und ein Musterbeispiel für die Architektur der 1950er-Jahre ist. Es lohnt sich, den Garten des Ensembles mit lauschigen Ecken an der Düssel und am Venusteich sowie mehreren Skulpturen zu besuchen. Er ist über den Biergarten vor dem Jacobihaus zu erreichen.

Vor dem Schauspielhaus liegt der kleine klassische Garten Goltsteinparterre. Rechts im Hintergrund ist das Dreischeibenhaus zu sehen.

Ein Tal für

DREISCHEIBEN- UND SCHAUSPIELHAUS

Das Ensemble aus dem schlanken, kantigen, 94 Meter hohen Dreischeibenhaus (Architekten HPP) und dem flachen Schauspielhaus, das Architekt Bernhard Pfau mit seinen organischen Rundungen als Gegenpol zum Hochhaus entworfen hat, ist zum Wahrzeichen des aufstrebenden Düsseldorfs der 1960er-Jahre geworden. Zu dem Ensemble gehörte ursprünglich die Autohochstraße Tausendfüßler, ein elegant gestaltetes Ingenieursbauwerk. Der Tausendfüßler wurde im Zuge des Projekts Kö-Bogen abgerissen, an seinen Verlauf erinnert streckenweise eine Platanenallee. Der damals wenig ansehnliche Gustaf-Gründgens-Platz ist jetzt aufgewertet durch die asymmetrischen, abgeschrägten Bauten (Architekt Christoph Ingenhoven), die zum Platz hin begrünt sind. Die grundlegende Idee: Dreischeiben- und Schauspielhaus sollen wie in einem Tal liegen und so die Blicke auf sich ziehen.

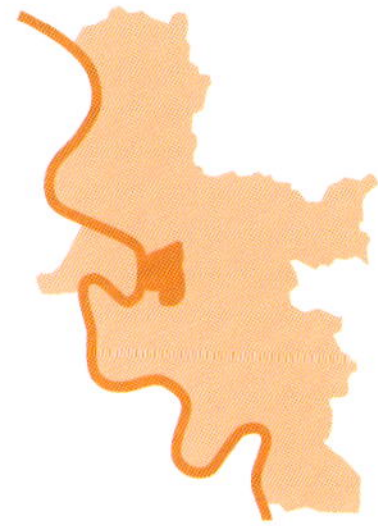

Hinter dem Malkasten-Ensemble führt der Rundgang nach Überqueren der Jacobistraße über die sogenannte Seufzerallee, neben der Düssel und parallel zur Goltsteinstraße mit vielen repräsentativen Wohnhäusern im Stil des Spätklassizismus und des Historismus. Am Ende der Allee, an der die Skulptur „Grasendes Fohlen" der Bildhauerin Renée Sintenis ein Blickfang ist, geht es links über eine Düsselbrücke in den kleinen, geometrischen Garten **Goltsteinparterre,** **13** in dem neben den Blumenrabatten und Magnolienbäumen die Katzenbank, entworfen von Peter Behrens zur Großen Kunstausstellung 1904, das Immermann-Denkmal (geschaffen 1896 von Clemens Buscher) sowie das Denkmal für den Schauspieler und Generalintendanten des Schauspielhauses Gustaf Gründgens von Peter Rübsam (1984 aufgestellt) die Aufmerksamkeit auf sich ziehen.

Vom Goltsteinparterre gehen wir zwischen dem geschwungenen **Schauspielhaus** **14** (Architekt Bernhard Pfau) und dem schlank aufragenden **Dreischeibenhaus** **15** (Architekten HPP) – bei einem Blick nach rechts ist vor dem Hochhaus die kubische Stahlplastik von Eduardo Chillida zu sehen, deren massige Schwere im Kontrast zum Dreischeibenhaus steht – über den Gustaf-Gründgens-Platz zur **Johanneskirche** **16** auf dem Martin-Luther-Platz. Im Zweiten Weltkrieg zerstört, präsentiert sie sich nach dem Wiederaufbau und nach mehreren Umbauten – zuletzt 2008 – als lichter, sakraler Raum.

Die Johanneskirche wurde 1881 als zentrale Kirche der evangelischen Gemeinde Düsseldorf eingeweiht.

Wir umrunden die Johanneskirche, gehen hinter dem extravaganten Neubau mit der Cortenstahl-Fassade nach links vorbei am Kugelbrunnen von Friedrich Werthmann zur Tunnelrampe; in der dunklen, glänzenden Fassade der Landeszentralbank auf der anderen Straßenseite kann sich die Johanneskirche spiegeln. Links neben dem Bankgebäude sehen wir die Börse und die Industrie- und Handelskammer, deren Vorplatz die ausgreifende Skulptur „Raumsäule" von Erich Hauser schmückt. Rechts schimmern die dreieckigen Metallsegel des Brunnens von Heinz Mack durch.

Gegenüber dem Haupteingang der Johanneskirche kontrastiert mit den Backsteinen und Werksteineinfassungen der Kirchenfassade ein Gebäude im Stil des Berliner Klassizismus (1870 eröffnet). Heute ist dort das NRW-Justizministerium untergebracht. Auf dem Rasenplatz davor sind Denkmäler aus der Kaiserzeit aufgestellt: in der Mitte für Kaiser Wilhelm I. (Bildhauer Karl Janssen), rechts daneben für Otto von Bismarck (Bildhauer August Bauer und Johannes Röttger) und links daneben die wenigen Reste von einem Denkmal für Helmuth Graf von Moltke (Bildhauer Josef Hammerschmidt). Von diesem Monument ist nur die Figurengruppe „Schmied und Knabe" erhalten. Ursprünglich standen die Denkmäler als **„kleine Siegesallee"** **17** zwischen Ratinger Tor und Wilhelm-Marx-Haus aufgereiht auf der Alleestraße, der heutigen Heinrich-Heine-Allee. Diese war ebenso wie die Königsallee nach dem Frieden von Lunéville auf den Resten der Verteidigungsbollwerke angelegt worden.

Bei der weiteren Umrundung der Johanneskirche rücken zwei kniende Engel vor dem Nebeneingang in den Blick. Sie standen ursprünglich auf den Giebeln der Querschiffe, stürzten beim Bombenangriff 1943 hinab, wurden beim Wiederaufbau nicht verwendet und schließlich 1994 gegenüber den Schadow Arkaden aufgestellt.

Die knienden Engel standen vor ihrer Rückkehr in Kaiserswerth an der Brücke.

Die Einkaufsgalerie **Schadow Arkaden** **18** entstand nach den Plänen des Architekten Walter Brune auf der Fläche des Pressezentrums, in dem die Rheinische Post produziert wurde. Er integrierte die Backsteinfassade des alten, 1925 eröffneten Pressehauses in den Neubau, in dem heute auch die Rheinische Post Mediengruppe ein Medienzentrum unterhält. Rechts neben der alten Fassade liegt ein Eingang der Einkaufsgalerie, im Inneren ist schnell die zentrale Rotunde mit der Glaskuppel erreicht, die Otto Piene mit kleinen Prismengläsern gestaltet hat. Der erste Gang links führt zur Blumenstraße. Dem Ausgang aus den Schadow Arkaden direkt gegenüber liegt der Durchgang zum **Kö-Center.** **19** Die von den Architekten Jung und Stadler in den 1970er-Jahren konzipierte Einkaufspas-

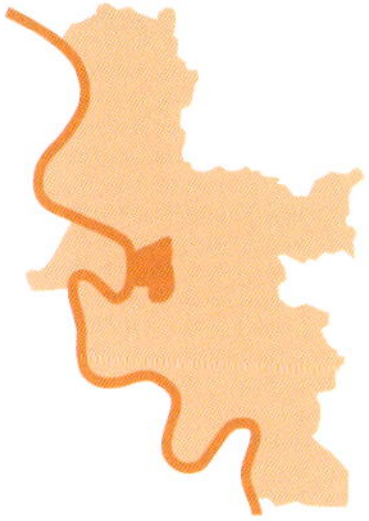

sage kann mit ihren Innenhöfen und kleinen Fußgängerstraßen als Vorläufer der Einkaufsgalerien an der Königsallee gesehen werden.

Wieder an der Königsallee angekommen, geht es nach links zurück zur Brücke an der Bastionstraße, vorbei an den kunstvoll gestalteten Schaufenstern der Läden auf der östlichen, der Geschäftsseite der Königsallee. Von der modernen Architektur des Kaufhauses **Sevens** (Architekten RKW) heben sich an der Fassade zwei Skulpturen ab: der Sprechende und die Hörerin. Die 1925 von Carl Neuhaus geschaffenen Figuren verweisen auf das Düsseldorfer Fernsprechamt der Deutschen Post, das einmal an dieser Stelle gestanden hat.

Das Mode- und Medienzentrum Sevens zeigt die Entwicklung, das Angebot am herausragenden Geschäftsstandort Königsallee durch Galerien zu erweitern. Zu ihnen gehören auch die Kö-Galerie (Architekt Walter Brune) und das Einrichtungszentrum „Stilwerk" an der Grünstraße (Architekten JSK), direkt am Fuße der Brücke Bastionstraße, an der unser Rundgang endet.

Vor der Johanneskirche stehen die Denkmäler der ehemaligen kleinen Siegesallee.

4 DER MEDIENHAFEN

Start/Ziel: Parlamentsufer in Höhe der Rheinkniebrücke, 40221 Düsseldorf (GPS: 51.129508, 6.764549)
Länge: ca. 6,5 Kilometer
Dauer: 2 Stunden
ÖPNV: Haltestelle Landtag/Kniebrücke, Straßenbahnlinien 706 und 709
Parken: Neusser Straße (unter der Rampe der Rheinkniebrücke), 40219 Düsseldorf

Unterwegs entdeckt:
Schöne Ausblicke auf das Stadtpanorama

A1 Blick auf das Rheinknie und auf Heerdt
A2 Blick auf die Hafeneinfahrt und den Industriehafen
A3 Blick in den Medienhafen
A4 Blick auf die Stadtsilhouette sowie auf die Plange Mühle und Industriehafen
A5 Rundblick von der Living-Bridge aus
A6 Blick auf den Landtag
A7 Blick auf die Rheinufer-promenade mit Mannesmann-Hochhaus und Behrensbau

Essen + Trinken:
Zwischen Hammer- und Speditionstraße gibt es viele Restaurants und Bistros. Besondere Spezialität:
Eigelstein, Hammer Straße 17
40219 Düsseldorf, Tel. 02 11/6 02 74 77
www.eigelstein-duesseldorf.com
(Ausschank von Kölsch exklusiv in Düsseldorf)

Info:
Die orangefarbenen Zahlen im Text zu den Gebäuden beziehen sich auf die 3-D-Karte vom Medienhafen im hinteren Umschlag.

Stelldichein der Architekten

Die Rheinkniebrücke mit ihrer Auffahrtrampe ist ein guter Wegweiser vom Parkplatz und der Haltestelle Landtag zum Startpunkt des Rundgangs durch den Medienhafen. An ihr entlang führt der Weg zwischen dem Apollo-Theater und dem nördlichen Rundbau des Landtags zum Ufer, an dem sich eine überraschende Perspektive öffnet: A1 Der Rhein macht einen scharfen Knick, fließt gleichsam in das Land hinein, und am Horizont der Flusslandschaft ragt als Landmarke der hohe Turm der Benediktuskirche im linksrheinischen Heerdt empor. Rheinknie wird dieser enge Bogen des Stroms genannt, der auch der Brücke ihren Namen gab. Er windet sich um die Halbinsel Lausward, in der 1896 ein Hafen mit mehreren Becken angelegt wurde. Ein Teil des Hafens direkt an der Stadt wurde seit den 1970er-Jahren zu einem modernen, architektonisch abwechslungsreichen Viertel, dem Medienhafen, umgebaut und ist mit seinen interessanten Bauten am Wasser und den tollen Ausblicken auf die Stadt einen Ausflug wert.

Wir biegen links in den Uferweg ein, gehen entlang der Rundbauten des Landtags und blicken dabei auf die Hafeneinfahrt, die von einer Brücke mit einer dreieckigen Trägerkonstruktion überspannt wird. **A2** Rechts von der Brücke zeichnen sich am Himmel Industriebauten, unter ihnen das Kraftwerk Lausward, und Portalkräne des Industriehafens ab, während sich linker Hand eine parkähnliche Fläche direkt hinter dem Landtag auftut. Sie ist der Eingangsbereich zum Medienhafen mit seinen architektonisch interessanten Gebäuden.

Das 1988 eröffnete Landtagsgebäude war die Initialzündung für den Medienhafen als grundlegende Umwandlung alter, nicht mehr benötigter Hafenviertel. Zwei Wünsche ergänzten sich Mitte der 1970er-Jahre auf optimale Weise: Das Ständehaus am Schwanenspiegel (siehe Route 2, Seite 23) war als Sitz des Landtags zu klein geworden, und das Becken des Bergerhafens in der Verlängerung der unteren Rheinwerft wurde nicht mehr benötigt. Die Stadtplaner wollten es zuschütten, um ei-

Der Bau des Landtags war Initialzündung für die Entstehung des Medienhafens.

Das Kunstwerk Tzaphon von Dani Karavan nimmt die Formen des Landtags auf.

nen besseren Zugang zum Rhein zu schaffen. Diese hervorragende Lage galt als angemessen für den **Landtag,** der dann das gesamte Areal aufwertete – nicht zuletzt durch die außergewöhnliche Form, die die Architekten Eller, Moser, Walter und Partner entworfen hatten. Ausgehend von der Vorstellung, dass die Parlamentarier in einer Diskussionsrunde debattieren, setzten sie einen kreisrunden Plenarsaal im Zentrum des demokratischen „Universums" fest, um den, wie um einen „Fixstern", runde „Planeten" – Räume für die Fraktionen und Sitzungssäle – kreisen. Die verbindenden, gebogenen „Bahnen" dienen als Büroflügel. Um ein weiteres Prinzip der Demokratie zu versinnbildlichen, schufen die Architekten ein für alle offenes, einladend wirkendes Haus. So lassen beispielsweise an unserem Weg am Rhein große Fenster Einblicke in das Innere zu, während das Wasserspiel des Kunstwerks „Wasser – Licht – Rhythmus" von Heinz Mack eine Verbindung von innen und außen schafft.

Der Landtag hat nur runde Gebäudeteile.

Unweit des Landtags ragt der **Rheinturm 2** als zweites bedeutendes Bauwerk auf dem Grundstück des ehemaligen Bergerhafens in die Höhe. Auch der 1982 fertiggestellte 240,5 Meter hohe Turm mit Fernmeldeeinrichtungen der Telekom steht für eine besondere Architektur. Statt eines hohen Zylinders, an dem Plattformen für Parabolantennen und Besucheremporen angehängt sind, schlug Architekt Harald Deilmann einen Schaft vor, der sich nach oben hin erst verjüngt und sich dann in schwindelnder Höhe wie eine Schale zu einer ausfächernden Kanzel öffnet.

Wir folgen dem Weg am Wasser, vorbei an dem kinetischen Kunstwerk „One up, one down – excentric" von George Rickey und der Energiepyramide von Thomas Schönauer, die

den Energie -und Wasserverbrauch Düsseldorfs anzeigt, bis zum **Hafenkran 47** (Baujahr 1893), der zur ersten Generation der Ladekräne des Hafens Lausward gehört und als Erinnerungsstück restauriert wurde. Dort biegen wir links ab zum Kopf des Beckens des **Zollhafens** und des **Handelshafens.** Von der Treppenanlage ist das Typische des Medienhafens, des Viertels für Medien, für Kreative und für Dienstleister am Wasser, besonders gut zu erkennen **A3:** Seine Architektur ist eine Mischung aus alten Lagerhäusern und modernen Gebäuden unterschiedlichen Stils. Um die Qualität und gute Ideen zu garantieren, kamen viele Architekten mit internationalem Ruf zum Zug. Jeder Bau hat deshalb eine andere Handschrift, ordnet sich aber auch in die Gesamtheit ein. Die Abwechslung gerät so nicht zum Chaos.

Am Hafenbecken mit der Marina liegen das WDR-Landesstudio und die Gehry-Bauten.

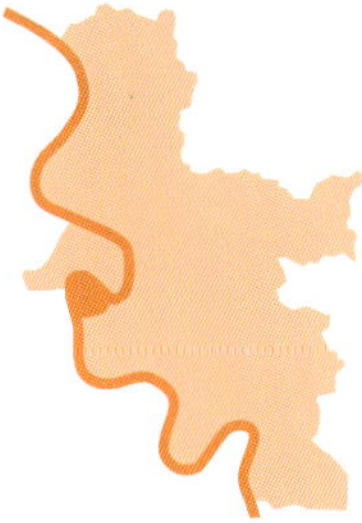

Die architektonische Handschrift der einzelnen Gebäude ist beim Rundgang mühelos zu studieren. Es lohnt sich, nicht nur auf die Gebäude an der Straße zu schauen, sondern auch auf das gegenüberliegende Ufer des Hafenbeckens, weil aus der etwas größeren Entfernung das Zusammenspiel der Architektur klarer wird. Der Rundgang geht links neben dem Hafenbecken mit seinem Yachthafen weiter, entlang am **WDR-Landesstudio, 3** das durch seine 25 Meter hohe Eingangshalle auffällt. Die beiden Gebäuderiegel längs der Halle schirmen die innen liegenden Studios ab. Mit den nach außen gestellten steinernen Sockelmauern bezieht sich Architekt Christoph Parade auf die schräge Uferbefestigung und die Gestaltung historischer Bauten am Rheinufer (siehe Behrensbau, Seite 64, und Ehrenhof, Route 2, Seite 31).

Ein harter Kontrast zu den eckigen Gebäuden des Hafens sind die drei schrägen und schiefen Blocks der **Gehry-Bauten.** 4–6 Sie wirken wie eine riesige Stadtskulptur im Viertel, und das ist von Architekt Frank O. Gehry so gewollt. Ihm schwebte ein Architekturkunstwerk vor. Um es in die Umgebung einzupassen, wählte Gehry eine unkonventionelle Planungsmethode. In ein maßstabgetreues Modell des Viertels modellierte er die drei Türme millimetergenau und präzise, bis sie aus allen Blickrichtungen zu den bestehenden Gebäuden passten. Mit einem speziellen Abtastverfahren wurden die Formen des Modells dreidimensional digital gespeichert und konnten so Grundlage für die Erarbeitung des Entwurfs der Häuser sein. Die Ausführungsplanung am Computer mit CAD-Verfahren übernahm das Architekturbüro Beucker, Maschlanka und Partner. Das Material der Fassaden greift auch Elemente der Umgebung auf. Der weiße Putz des linken Turms 4 soll auf die Häuser der Rheinuferpromenade hinweisen, die roten Ziegel des rechten 6 auf die Backsteinbauten im Hafenviertel. Der niedrige Turm in der Mitte 5 soll zwischen den beiden vermitteln: In seiner Fassade aus Stahlblech spiegeln sich sowohl die Ziegel- als auch die weißen Wände – und dazu der Himmel, was dem Ensemble etwas Leichtes gibt.

Die Gehry-Bauten sind als Stadt-Skulptur konzipiert.

Gehrys Stadtskulptur hat keinen trennenden Charakter, mit ihren Durchgängen zwischen den drei Blöcken verbindet sie den Medienhafen mit dem angrenzenden Wohnviertel.

Wir nutzen einen der Durchgänge, umrunden den Ziegelturm und blicken auf die Einmündung der engen Straßen des alten Hafens mit dem **Grand Bateau** (links) 28 an der Straße Zollhof, dem **Kai-Center** (rechts) 7 an der Kaistraße und in der Mitte dem dreieckigen **Haus der Architekten,** 27 das die Aufspaltung der Straßen betont. Doch vor der Erkundung dieser Straßen gehen wir zurück an das Hafenbecken und links in die Straße Am Handelshafen direkt am Kai-Center (Architekten Döring, Dahmen, Joeressen), das mit seiner spitz zulaufenden Ecke wie ein Schiffsbug mit Reling wirkt. Diese An-

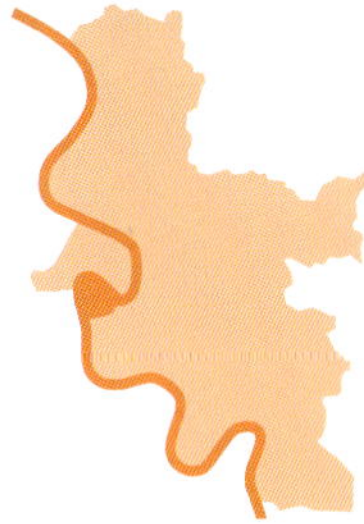

spielung auf die Schifffahrt war die grundlegende Idee für die Gestaltung.

Beim anschließenden dreiteiligen Häuserblock spielen die Architekten mit den einfachen, praktischen rechteckigen Formen einer Lagerhalle. Das 13-geschossige Hochhaus von Steven Holl **8** nimmt den Charakter einer lang gezogenen Lagerhalle auf, kippt sie aber um 90 Grad und türmt sie in die Höhe. Mit dem Umbau des mittleren Teils, des Kernstücks, verdeutlichen die Architekten Ingenhoven, Overdiek, Kahlen und Partner die praktische und vielseitig nutzbare Stahlbetonkonstruktion eines Lagerhauses, indem sie das ehemalige Lagerhaus der Firma Cretschmar **9** zu einem Bürohaus mit einer rechteckig gegliederten, transparenten Fensterfassade umgestalten. Sehr viel massiger wirkt der dritte Block des Hauses, **10** den David Chipperfield in Anlehnung an die Experimente mit Beton in den 1960er-Jahren aus Sichtbeton schuf.

Die Stahlblech-Fassade des mittleren Gehry-Baus hat interessante Spiegeleffekte.

Mischung aus Alt und Neu: Mit den denkmalgeschützten alten Backstein-Lagerhäusern an der Speditionstraße kontrastieren die modernen Bauten. Die Flossis genannten Figuren (rechts) wurden 2018 aus Sicherheitsgründen abmontiert.

Die Stirnseite zum **Platz der Medien** 24 hin wird nur durch schmale Fensterbander unterbrochen, erst die beiden obersten Geschosse öffnen sich mit einer durchgängigen Glasfläche nach außen. Sie waren einmal das Atelier des Künstlers Jörg Immendorff. Deshalb steht vor dem **Chipperfield-Haus** auch die **Skulptur Hans Albers,** 11 die Immendorff ursprünglich für Hamburg geschaffen hatte, aber dann nach Düsseldorf versetzen ließ.

Die folgenden Gebäude behielten ihren Charakter als ehemalige Lagerhäuser und beherbergen heute Büros, Ateliers und eine Galerie. Etwas Neues, Symbolhaftes setzt das benachbrten „Haus vor dem Wind“ dagegon. Mit der konvex gewölbten Fassade zum Handelshafen hin spielt Architekt Günter Zamp Kelp auf ein Segelschiff mit geblähtem Segel an. 15 Auch wenn das nächste Haus streng geometrische Formen hat, nimmt es die Leichtigkeit des Elementes Luft auf. Der Würfel aus Glas und Stahl, 16 den das Architekturbüro HPP entwarf, scheint auf dem Backsteinfundament zu schweben.

Das Haus mit der gewölbten Fassade soll ein Segelschiff symbolisieren.

Den Gegensatz zwischen den massigen Lagerhäusern und den weich fließenden Wellen eines Flusses und im Hafenbecken thematisierte das Architekturbüro RKW bei der Sanierung und Erweiterung des ehemaligen Lagerhauses eines Fischhandels 18. Das Dach des neuen Anbaus hat die Form einer Welle, die gegen das alte Haus mit seinem massiven Dach brandet. Das Dach konnte allerdings nicht saniert werden, die Architekten ersetzten es durch ein Tonnendach. Zudem rahmten sie das alte Gemäuer durch moderne Glasbauten ein – das **Wellendachhaus** 17 auf der einen und einen gläsernen Kubus auf der anderen Seite 19.

Der Kopf des Handelshafens ist geprägt durch das rote Ziegelsteinhaus mit den großen Toren und dem schrägen Dach. Die alte **Kraftzentrale** 32 (1896 gebaut für den Hafen Lausward) steht unter Denkmalschutz und sollte nicht verbaut werden. Architekt Norbert Wansleben schob deshalb einen „Wolkenbügel“ über die Kraftzentrale. Das einer Kranbrücke ähnelnde Stahlgerüst umfasst ein dreigeschossiges, transparent wirkendes Bürohaus und ruht auf einem massiven Kubus hinter dem Ziegelhaus, in dem eine Großveranstaltungshalle untergebracht ist. Flankiert wird dieses PEC genannte Ensemble von einem schmalen Hochhaus (Architekt Jo Coenen). **31** Sein besonderes Erkennungszeichen sind die drei oberen Geschosse, die im Gegensatz zu den unteren gläsernen mit Muschelkalk verblendet und breiter und länger sind. Mit viel Fantasie könnten sie als Rucksack für das Haus angesehen werden – eine Anspielung auf alte Speditionshäuser, von deren Dach oft Lasten hinauf zu den Etagen gezogen wurden. Die Zusammengehörigkeit der Gebäude wird durch den Straßenbelag zwischen ihnen sinnfällig: Es sind Planken aus Holz wie auf einem Schiff.

Gehen wir zwischen den Häusern hindurch, sehen wir auf den **Float** **48** genannten Querbau an der Franziusstraße (Architekt Renzo Piano). Wir biegen nach rechts, umrunden den Wolkenbügel und erleben den Kontrast zwischen den kantigen Formen des Float und den Rundungen des benachbarten **Bürohauses Trivago** **63** (Architekten SOP) am Beginn der Kesselstraße. Den Rundgang setzen wir fort auf dem Uferweg der Halbinsel Speditionstraße und sind erst einmal im Schatten des **SIGN!** genannten, mit 76 Meter höchsten Gebäudes des Medienhafens. **33** Architekt Helmut Jahn legte Wert auf schlichte Eleganz als Kontrast zu den vielen Formen und Gestaltungen und schuf eine glatte gläserne Fassade.

Der Maki-Solitär ist ein Beispiel für unaufdringliche Architektur.

Von ähnlichen Gedanken hat sich auch Architekt Fumihiko Maki bei einem Solitär **34** leiten lassen, der durch die raffinierte Komposition von wenigen geometrischen Formen und ausgesuchten Materialien besticht. Mit dieser Zurückhaltung wird die **alte Mälzerei,** **35** mit ihrer harmonisch gegliederten Backsteinfassade ein herausragendes Beispiel für die Industriebauweise im auslaufenden 19. Jahrhundert, nicht beeinträchtigt. Architekt Bob Gansfort hat die Fassade erhalten und mit einer teilweise neuen Gestaltung des Inneren verbunden. Das benachbarte farbenfrohe Hochhaus **Colorium** **36** (Architekt William Alsop), dessen auskragendes Dach an alte Speditionsgebäude mit Lastenaufzug erinnert, ist ein extravaganter Puffer zum folgenden Hotelbau mit konventioneller Architektur. 37

Die wiederum lässt das alte Getreidesilo der Firma Lamers 38 mit seiner schlichten Fassade aus braunem Ziegelstein zur Geltung kommen. An die alte Funktion erinnert ein schräg herausragendes Sgraffito, das eine Szene des Beladens mit Arbeitern zeigt. Ab 1943 übernahm eine pneumatische Sauganlage die Handarbeit, deren Rohrgestänge direkt an der Hafenmauer steht. Die Eigentümer der Hafenbetriebe wohnten des Öfteren direkt neben den Fabrikgebäuden in repräsentativen Villen 39 wie jener neben dem Silo. Architekt Alberto Priolo, der für den gesamten, Dock 13 genannten Komplex verantwortlich zeichnet, bezog sie in Bürogebäude ein.

Einen Eindruck von der Industriebauweise der 1950er-Jahre gibt das ehemalige, unverändert gebliebene Speichergebäude der Firma Roggendorf 41 . Funktional wie ein Lagerhaus, aber von eleganter Form und zugeschnitten auf eine Firmennutzung sind die benachbarten beiden parallel liegenden Gebäude 42 mit raumhohen Fenstern (Architekten Ingenhoven Overdiek).

Die Spitze der **Halbinsel Speditionstraße** ist weithin zu erkennen durch die beiden dunklen Hochhausscheiben 43 mit den auffälligen Aussparungen in den unteren Geschossen, die den Bauten etwas von ihrer Schwere nehmen (Architekturbüro JSK, jetzt SOP genannt). Wir umrunden sie auf dem Uferweg, haben von der Spitze der Mole eine imposante Aussicht auf die Rheinufersilhouette der Stadt und auf dem Weg zurück auf die Hafenbecken des Industriehafens mit der **Plange-Mühle** 52 im Vordergrund **A4.** Ihren charakteristischen, denkmalgeschützten Uhrenturm haben die Architekten Ingenhoven, Overdiek und Partner bei der Sanierung der stillgelegten Weizenmühle erhalten. Die neue Fassade mit den Fensterbändern greift die alte Gestaltung der Front auf. Die Plange-Mühle soll einmal mit der Speditionstraße über Brücken und ein Gebäude auf Pfählen verbunden werden. Der Plan für dieses „Pier One" genannte Projekt (Architekt

Die Spitze der Speditionstraße bietet einen schönen Ausblick auf das Hafenbecken mit der Marina, die Gehry-Bauten und den Rheinturm.

Christoph Ingenhoven) wird seit Januar 2020 erarbeitet. An die Hochhausscheiben schließt sich ein Bürohaus **49a** an, das wir ebenfalls umrunden, um einen Blick auf die beiden **„Win Win"** genannten Wohnhochhäuser **57** auf der westlichen Seite der Speditionstraße zu werfen. Von dort gelangen wir unter der Auskragung der östlichen Hochhausscheibe hindurch zur **Living-Bridge, 54/A5** der Brücke über das Becken des Handelshafens. Sie bietet einen schönen Ausblick sowohl zur Stadt als auch zum Medienhafen, der zudem im gläsernen Brückenhaus mit seinem Restaurant zu genießen ist, und führt direkt auf die **Hans-Albers-Skulptur** und den Platz der Medien zu. Die einzige größere Freifläche im engen Straßennetz – die Planer behielten dessen Struktur als Reminiszenz an den alten Hafen bewusst bei – gestaltete der Künstler Günter Uecker, der mit dem Kies und den runden, wellenförmigen Betonbänken auf den Rhein anspielte.

Gebäude und Platz des Medienzentrums bilden eine Einheit.

Ein schräger Projektionsturm macht eine Art Freiluftkino möglich. Als Leinwand dient die helle Wand des Gebäudes am Platz. Es ist als **Medienzentrum 23** konzipiert (Architekten Beucker, Maschlanka und Partner), und lange Zeit waren Hörfunk- und Fernsehstudios in dem im Zentrum der Hafenstraße liegenden Gebäude untergebracht. Von außen schnörkellos, kantig und den Straßenschluchten angepasst überrascht sein Inneres durch eine große Halle mit geschwungenen Wänden und Galerien unter einem schrägen Glassegel. Wir betreten die Halle vom Platz der Medien aus durch den Haupteingang unter dem Turm, durchqueren sie, gelangen neben dem Treppenhaus 5 durch einen Nebeneingang in die **Kaistraße** und halten uns links. Dort zeigt sich an den Gebäuden die Schönheit des Backsteins sowohl bei der modernen Architektur des Atriumhauses (Architekten HPP) **22** als auch bei alten Lagerhäusern (Kaistraße 8 b) **14** und – am schönsten – am 1899 errichteten **Lagerhaus Kaistraße 3, 21** dessen Fassade durch die Komposition von weißen Putz- sowie Backsteinflächen lebendig wirkt.

Wir biegen nach links ab, passieren die ausgewogen gestaltete Fassade und stoßen nach wenigen Metern auf das

UCI-Kino 30 an der Straße Zollhof, gehen nach rechts und umrunden das Gebäude, das wie das Heck eines Kreuzfahrtschiffs wirkt, und gelangen auf die Hammer Straße. Rechts zur Franziusstraße hin lugt der **Media Tower** 45 über das Float und weist hin auf eine Gebäudereihe an der Holzstraße mit der **Killepitsch-Fabrik** 46 (Architekten Findeisen Wächter), in der die alte Düsseldorfer Likörspezialität produziert wird, und dem Niedrigenergiebürohaus **Capricorn** 47 (Architekten Gatermann und Schossig). Sie bilden die Grenze des Medienhafens zum ländlichen Hamm hin, dessen Grünflächen durch die Bahnunterführung in der Ferne schimmern. Die Route führt nach links durch die **Hammer Straße,** an die Wohnviertel angrenzen und die durch ihre Kastanien großzügiger als das enge Hafengebiet wirkt. Im Sog der modernen Architektur wurden dort auch Wohnhäuser nach den neuen Standards für komfortables Wohnen errichtet (HGMB Architekten). 58

Auf der Hammer Straße geht es zu einem Designhotel, 50 das mit sieben farbig gestalteten Stelen („Seven Pillars" von Thomas Schönauer) auf sich aufmerksam macht. Daran schließt sich eine Art Wintergartenhaus an. 29 Die Architekten Petzinka, Pink und Partner haben das trapezförmige Gebäude mit einem rechteckigen Glashaus ummantelt und schaffen so gut klimatisierte Freiflächen zwischen Grundstücksgrenze und Hauptgebäude. Es folgt der Block des **Grand Bateau,** 28 dessen Dach an der Hammer Straße wie eine Piste steil nach oben läuft. Ganz anders sein Charakter an der benachbarten **Straße Zolltor,** zu der wir links durch einen Durchgang Richtung Ueckerplatz gelangen. Dort erinnert es – wie andere Gebäude auch – mit seiner geneigten Glasfassade und dem abgerundeten Kopf an ein Schiff (Architekten Claude Vasconi sowie Architekten Döring, Dahmen, Joeressen und Partner). Wir gehen nach rechts am Grand Bateau entlang, spüren wieder die Enge der alten Hafenstraßen, gegen die sich die Gebäude auf der gegenüberliegenden Seite zu wehren scheinen: das Haus **Kai 13** 26 mit seinem Dachgarten, der zwischen den beiden diagonalen hohen Flügeln des Hauses mit seiner grünen Kupferfassade eingebettet liegt (Architekten Döring, Dahmen, Joeressen), sowie das dreieckige **Haus der Architekten** (Entwurf: Team werk.um), **27** das fast unmerklich aus der Mittelachse der Spitze zwischen Kaistraße und Zollhof gedreht liegt und somit kleine Freiräume schafft.

Wir passieren noch einmal die Gehry-Bauten und biegen dann rechts in die Lippestraße ein, die wie eine geschwungene Rampe zum Hochhaus **Stadttor** **I** mit seinem Parallelogramm-Grundriss führt. Es ist neben Landtag und Rheinturm das dritte im Bunde der innovativen Gebäude im Bereich des Berger Hafens und markiert eines der wichtigsten Projekte der Stadterneuerung: die Tieferlegung der Rheinuferstraße in einen Tunnel zwischen der Oberkasseler Brücke und eben dem Stadttor, das sich genau über der Einmündung des Tunnels in bestehende Straßen 75 Meter hoch erhebt. Der Winkel der Einmündung bestimmt den Grundriss. Wir umrunden das Stadttor, gehen an der rechten Seite über den ansteigenden Fußweg zur Stirnseite des Haupteingangs und besichtigen in der Eingangshalle die besondere Konstruktion (Architekten Overdiek, Petzinka und Partner, Ausführung Petzinka, Pink und Partner). Die Außenwände sind nur aus Glas und umhüllen die beiden 16 Geschosse hohen Seitenflügel und die viergeschossige darüberliegende Attika, die zusammen ein Tor bilden. Die Luft kann zirkulieren, die bodentiefen Fenster der Geschosse sind zu öffnen, ein angenehmes Raumklima ist gewährleistet. Möglich macht dies die frei stehende Trägerkonstruktion aus Röhren innerhalb der Glashülle.

Die gläserne Außenhaut des Stadttores ist eine bahnbrechende Innovation.

Von der Eingangshalle führt die Route zur Stadt hin durch den sogenannten **Bürgerpark,** einen von Georg Penker gestalteten Garten mit einem kleinen Wäldchen, einem Heckenlabyrinth und Steinblöcken, die lauschige Sitzecken bieten und die Rampe zum Stadttor gliedern. Von dieser Rampe hat man einen herrlichen Rundblick auf den Rheinturm mit dem vor ihm liegenden Kohlenkontorhaus, einem Relikt des Berger Hafens. Nachdem auf dem weiteren Weg der Landtag in den Vordergrund gerückt ist, **A6** dessen Rundbauten gut sichtbar sind und durch eine kreisrunde flache Skulptur – das

Ein Gestaltungselement des Bürgerparks vor dem Stadttor sind die mächtigen Steinblöcke.

Kunstwerk „Tzaphon" von Dani Karavan – betont werden, empfängt uns die **Rheinuferpromenade** mit ihrer Platanenallee, dem wellenförmigen blauen Pflaster und den Leuchten, die sich wie eine Perlenkette hinziehen. Kaum vorstellbar, dass dort einmal eine vierspurige Straße mit dichtem Verkehr verlief. Mit dem Verbannen der Autos in den Tunnel rückte die Stadt wieder an den Rhein. Die alte, Anfang des 20. Jahrhunderts als Hochwasserschutz gebaute Promenade erneuerte Architekt Niklaus Fritschi behutsam und setzte mit dem Pflaster und den Leuchten nur wenige moderne Akzente nach dem Prinzip „Neues auf Altes".

Das Museum KiT (Kunst im Tunnel) nutzt Räume zwischen den unterirdischen Auffahrten zur Rheinkniebrücke als Ort für Ausstellungen.

Wir flanieren auf der Promenade, unterqueren die Rampe der Rheinkniebrücke, passieren das Café und den Eingang des **Museums KiT** (Kunst im Tunnel), das Räume zwischen den unterirdischen Auffahrten zur Rheinkniebrücke für Ausstellungen nutzt, bis zu einem Ensemble herausragender Architektur **A7:** dem 1912 eröffneten Verwaltungsbau von Architekt Peter Behrens, der der Reformarchitektur vor dem Ersten Weltkrieg zugerechnet wird und der durch die raffinierte Gliederung der Fensterbänder dynamisch wirkt, sowie dem ersten Düsseldorfer Hochhaus im amerikanischen internationalen Stil, das Architekt Paul Schneider-Esleben 1956 für den ehemaligen Mannesmann-Konzern als Verwaltungssitz baute. Vor dem Hochhaus gehen wir nach rechts in die **Thomasstraße,** erkennen gut die filigrane Konstruktion des Hochhauses und dann im weiteren Verlauf die neoklassizistischen Wohnhäuser (Architekt Paul Lenz) an der **Straße Carlstor** vor dem Ende des Spee'schen Grabens (siehe Route 1, Seite 16). Wir biegen direkt wieder rechts ab auf den Horionplatz und gehen Richtung Kniebrückenrampe, dann wieder rechts zur **Villa Horion,** in der heute eine Ausstellung zur Geschichte des NRW-Landtags untergebracht ist und die einmal Sitz des NRW-Ministerpräsidenten war. Johannes Rau nutzte sie zuletzt, eine Bronzestatue der Künstlerin Ann Weers-Lacey erinnert an ihn. Von der Statue sind es nur ein paar Meter zum Ausgangspunkt des Rundgangs, der Straßenbahnhaltestelle und dem Parkplatz.

Die wahre Größe des Museums Kunst im Tunnel (KiT) zeigt sich in den unterirdischen Räumen.

5 BILK UND UNTERBILK

Start/Ziel: Haltestelle Stadttor, 40219 Düsseldorf (GPS: 51.215434, 6.763134)
Länge: ca. 8 Kilometer
Dauer: ca. 2 Stunden
ÖPNV: Haltestelle Stadttor, Straßenbahnlinien 706 und 709, Buslinie 732
Parken: Parkhaus Fürstenwall 23

Unterwegs entdeckt:

1 Lorettostraße
2 Friedensplätzchen
3 Friedenskirche
4 Florapark
5 Michaelsplatz
6 Alt St. Martin/ Sternwarte-Denkmal
7 Bilker Kirche
8 Fußweg Verlängerung Wilhelm-Tell-Straße zum Medienhafen

Essen + Trinken:

Auf der Lorettostraße finden Sie ein vielfältiges Angebot an guten Restaurants und Cafés.

Lebenswert durch Tradition

Ein Bild der Wohnkultur Ende des 19. Jahrhunderts bietet die Wilhelm-Tell-Straße, auf der wir an der Einmündung Neusser Straße die Tour starten. Ihre Häuser stammen fast alle aus der Entstehungszeit des Viertels, aus der Zeit ab etwa 1875, als für die stark wachsende Bevölkerung Düsseldorfs Unterbilk planmäßig ausgebaut wurde. Heute wird solchen Vierteln eine Urbanität und ein gewisser Charme zugeschrieben, wohl auch wegen der detailreich gestalteten Hausfassaden, die trotz der geschlossenen Bebauung die Straßen nicht monoton erscheinen lassen.

Dieses Viertel ist jedoch nicht steril und ruhig wie ein Architekturmuseum, sondern an vielen Stellen ist zu spüren, dass die Bewohner gerne dort leben. Bestes Beispiel ist die **Lorettostraße, 1** der wir von unserem Startpunkt, der Haltestelle Stadttor, über die Wilhelm-Tell-Straße kommend nach rechts folgen. In den alten Häusern ist das Angebot von Gastronomie und Handel vielfältig, es reicht von Boutiquen über Geschenkartikel, Einrahmungen und Handwerksläden bis zu einer Entspannungslounge, einem Weinhaus sowie etlichen Restaurants und Bistros. Kaufleute und Gastronomen engagieren sich bewusst für die Straße und ihr Umfeld, weil sie dieses Zentrum lebendig erhalten wollen und sich deswegen gegen die Konkurrenz anderer Zentren, beispielsweise der Düsseldorf Arcaden am Bilker Bahnhof, wehren müssen.

Historiker sehen in der Weiherstraße ein typisches Beispiel für den Mietwohnungsbau dieser Zeit.

Kurz vor dem Ende der Lorettostraße biegen wir links in die **Weiherstraße.** Sie besticht durch die oftmals denkmalgeschützten Häuser, die allesamt aus der Entstehungszeit Ende des 19. Jahrhunderts stammen.

Weiter geht es am Ende der Weiherstraße links in die Konkordiastraße und dann rechts in die Düsselstraße. Vor der Kreuzung war in einem ausladenden Gebäude einmal eine städtische Badeanstalt untergebracht, wie ein Schriftzug ver-

Die Düssel macht die Karolingerstraße zu einem kleinen Grünzug.

Die Lorettostraße wirkt durch die Terrassen der Restaurants gastlich.

rät. Sie ist nicht mit einem Schwimmbad heutiger Zeit zu vergleichen, sondern bot vor allem die Möglichkeit, in Wannen zu baden und Körperpflege zu betreiben. Denn die Mietwohnungen waren damals oft noch nicht mit Bädern ausgestattet.

Die Düsselstraße führt vorbei an dem **Leo-Statz-Berufskolleg,** das in einem repräsentativen Gebäude aus dem Jahr 1905 untergebracht ist (Architekt Johannes Radke), dann am **Friedensplätzchen** **2** vorbei, auf dem an mehreren Wochentagen ein Markt aufgebaut wird und der als Treffpunkt zur Lebendigkeit des Viertels beiträgt. Die Düsselstraße geht in die Kirchfeldstraße über. Von der biegen wir nach rechts in die Florastraße ein, die als einzige Straße des Viertels als Allee angelegt wurde, weil sie direkt auf den Florapark, die kleine grüne Lunge des Stadtteils, zuläuft. An ihr stehen der besonderen Bedeutung der Straße wegen auch repräsentative Wohnhäuser sowie die evangelische **Friedenskirche,** **3** die eigens für den neu angelegten Stadtteil gebaut wurde.

Am Ende der Florastraße überqueren wir die Bilker Allee und betreten den **Florapark.** **4** Direkt hinter dem Eingang

steht unübersehbar die Marmorskulptur „Adam und Eva nach dem Sündenfall" von Bildhauer Peter Christian Breuer als besonderes Schmuckstück. Hinter der Skulptur vorbei biegen wir sofort links ab, um auf dem Spazierweg mit Brücke über den Teich die Parklandschaft zu genießen. Rechts begrenzt das moderne, architektonisch bemerkenswerte **Haus der Wissenschaften** (Architekt Hans Schwippert) den Park, der mit knapp drei Hektar Grundfläche einer der kleinsten von Düsseldorf ist. Dementsprechend schnell erreichen wir – uns rechts haltend – den Ausgang des Floraparks an der Bachstraße, die wir überqueren, um dann die Treppe hinauf und links in das Wohn- und Geschäftszentrum **Düsseldorf Arcaden** zu gehen.

Das Haus der Wissenschaften steht auf dem Grundstück des ehemaligen Palmenhauses.

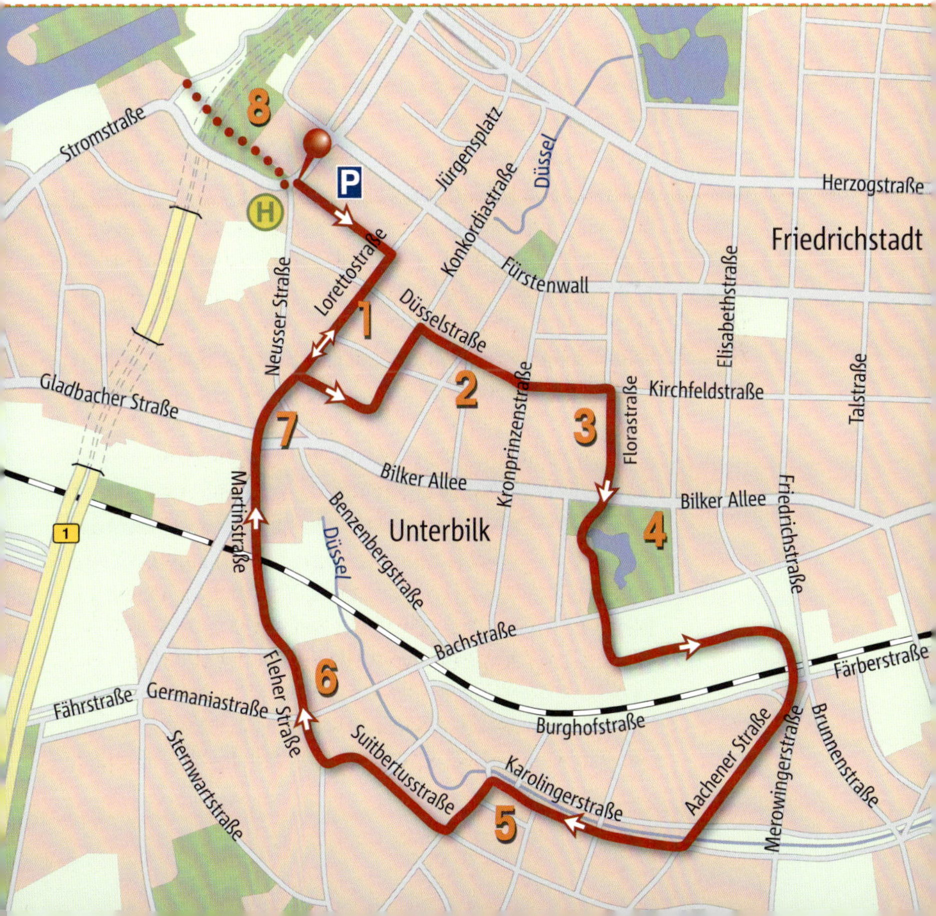

Es ist auf dem Gelände des ehemaligen Güter- und Containerbahnhofs Bilk als neues Stadtteilzentrum für Bilk errichtet worden. Der Weg zwischen Rasenflächen und kleinen Bäumen, die das Grün des Floraparks fortsetzen sollen, verläuft auf dem Dach eines Parkhauses neben dem dreigeschossigen Shoppingcenter **Düsseldorf Arcaden** sowie einem Bürgerzentrum mit Bibliothek, Büros, Gruppenräumen und einem Schwimmbad, in das man am Ende des Wegs durch Glaswände hineinschauen kann. Über eine Rampe geht es wieder hinunter auf Straßenniveau auf den Platz vor dem **Bilker Bahnhof.**

Der wichtige Knotenpunkt für Bus und Bahn wird rechts begrenzt durch einen Damm für die Eisenbahnlinie, die 1870 gebaut wurde und Bilk in zwei Teile trennte – der nördliche bekam die Bezeichnung Unterbilk. Wir unterqueren den Damm und gehen halb rechts über die **Aachener Straße** und biegen dann rechts in die **Karolingerstraße** ab. Die Kreuzung wird markiert von einem schmucken Wohnhaus aus dem Jahr 1903 mit Reliefs, die die Geschichte der Wallfahrten im Mittelalter zum Thema haben und daran erinnern, dass die Aachener Straße einmal ein Pilgerweg war.

Die **Karolingerstraße** ist mit ihrer Platanenallee an den Ufern der südlichen Düssel ein grünes Rückgrat des Viertels und mit ihren architektonisch gelungenen Häusern aus der Gründerzeit und den damals als modern geltenden Ziegelsteinbauten aus den 1920er-/1930er-Jahren ein bevorzugtes Wohngebiet. Wir flanieren unter den Baumdächern bis zur Planetenstraße, in die wir links einbiegen und dann sofort wieder links in den **Michaelsplatz** **5** zu einem Abstecher in die Wohnanlage mit Backsteinarchitektur, die ein Beispiel ist für die Bemühungen, im ersten Drittel des 20. Jahrhunderts erschwingliche und trotzdem komfortable Wohnungen zu bauen. Wir setzen die Tour über die Planetenstraße fort, biegen dann rechts in die Suitbertusstraße und nach wenigen hundert Metern wieder rechts in die Martinstraße, die sich überraschend an der nächsten Kreuzung zu einem Platz öffnet, der von der romanischen Kirche **Alt St. Martin** **6** be-

Der FLORAPARK

Der Florapark ist auf Privatinitiative von Bürgern angelegt worden, die zur Finanzierung 1875 eine Aktiengesellschaft gründeten. Ihr Ziel war es, botanische Entdeckungen – etwa exotische Pflanzen – den Düsseldorfern nahezubringen. Deshalb ließen sie damals neben Beeten und einem Teich auch ein Palmenhaus anlegen. 1902 wurde der Park von der Stadt übernommen, weil die Bürger seinen Unterhalt nicht mehr finanzieren konnten.

Die
BILKER KIRCHE

Die Bilker Kirche 7 im Stil der Backsteingotik wurde 1895 geweiht und ist Schlusspunkt einer langen Geschichte von einem Bildstock der Muttergottes, den Herzog Wolfgang Wilhelm 1641 gestiftet hatte und der heute noch in der Martinskirche ausgestellt ist. Für die Muttergottesstatue baute bereits Jan Wellem eine Kapelle, für die als Vorbild ein Haus im italienischen Ort Loreto diente, in dem der Legende nach Maria gelebt haben soll und welches Engel aus dem Heiligen Land nach Loreto gebracht haben sollen. Wegen der wachsenden Pilgerschar wurde die Kapelle mehrmals durch eine größere Kirche ersetzt, die schließlich Pfarrkirche und dann wegen Baufälligkeit durch das heutige – aufgrund seiner Größe auch Bilker Dom genannte – Gotteshaus an der Neusser Straße ersetzt wurde.

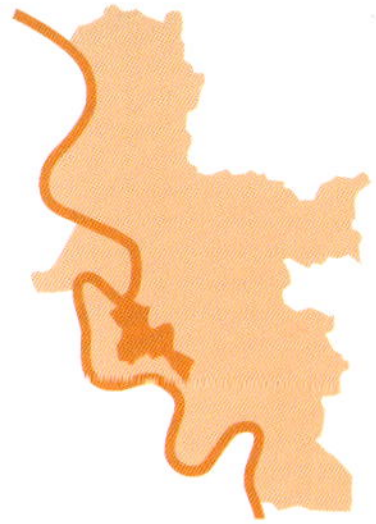

herrscht wird. Sie war das Zentrum des Ortes Bilk, dessen Ursprünge in der Merowingerzeit (8. Jahrhundert) liegen.

Ein Teleskoprohr auf einem sechs Meter hohen Sockel vor dem Gotteshaus erinnert an die **Sternwarte,** die der Gelehrte Johann Friedrich Benzenberg 1846 in der Nähe von Alt St. Martin errichtet hatte. Von dieser Sternwarte aus entdeckte Robert Luther, der Nachfolger Benzenbergs als Sternwart, insgesamt 20 Kleinplaneten, die in der Fachwelt als Düsseldorfer Planeten Beachtung fanden.

Der Rundgang setzt sich fort über die **Martinstraße,** bietet eine Aussicht links in die **Dianastraße** auf ein Gründerzeithaus, das wegen des Kontrastes zu neuer Architektur hervorsticht, sowie Blicke in die typischen Innenhöfe mit Gewerbe- und Wohnbauten, teils schmuck herausgeputzt wie das Ensemble im Hof von Haus Nr. 20. Mit dem Unterqueren der Bahnlinie verlassen wir Bilk und sind wieder in Unterbilk, laufen auf die große Bilker **Martinskirche** zu und passieren dabei das denkmalgeschützte, nur zweigeschossige Haus mit einem Mansardendach (Nr. 7), das zu den wenigen erhaltenen Gebäuden Unterbilks aus dem 18. Jahrhundert gehört und damit die Entwicklung des Stadtteils dokumentiert.

Alt St. Martin wird von der katholischen und evangelischen Kirche gemeinsam genutzt.

Von der Neusser Straße zweigt die Lorettostraße ab, über die wir am Ende der Tour noch einmal bummeln können. Die Wilhelm-Tell-Straße führt zurück zum Startpunkt.

Wer noch Lust auf einen kleinen **Abstecher zum Rhein und zum Medienhafen** **8** hat, kann auf einem Fußweg mit Treppe in der Verlängerung der Wilhelm-Tell-Straße quer durch den Bürgerpark Bilk mit seinen Labyrinthhecken laufen. Er bietet eine schöne Sicht auf das Hochhaus Stadttor, den Landtag, den Rheinturm und am Ende auf die Gehry-Bauten und den Rhein (siehe Route 4, Seite 56) und macht deutlich, wie nah Unterbilk und Bilk am Rhein liegen.

6 FLINGERN-NORD

Start/Ziel: Haltestelle Lindemannstraße, 40237 Düsseldorf (GPS: 51.231911, 6.808837)
Länge: ca. 3,5 Kilometer
Dauer: ca. 1,5 Stunden
ÖPNV: Haltestelle Lindemannstraße, Straßenbahnlinien U72, U73, U83 und 706, Buslinie 733
Parken: Parkmöglichkeiten sind in dem dicht bewohnten Viertel äußerst knapp. Es empfiehlt sich, auf dem P+R-Platz Staufenplatz (Staufenplatz, 40629 Düsseldorf) zu parken und von dort aus drei Stationen mit der U73, U83 zur Haltestelle Lindemannstraße zu fahren (Richtung Innenstadt).

Unterwegs entdeckt:

1 Liebfrauenkirche
2 Wegkreuz Lindenstraße 216
3 Eulerhof
4 Alte Volksschule

Essen + Trinken:

In Flingern findet sich ein vielfältiges Angebot für jeden Geschmack. Einen guten Überblick bietet www.einkaufen-duesseldorf-flingern.de. Hier eine kleine Auswahl:
sattgrün, Hoffeldstraße 18, 40235 Düsseldorf, Tel. 02 11/68 87 40 80, www.sattgruen.com (ausschließlich vegane Küche);
Beethoven, Ackerstraße 106, 40233 Düsseldorf Tel. 02 11/6 79 09 73, www.beethoven-flingern.de;
Café Hüftgold, Ackerstraße 113, 40233 Düsseldorf http://cafehueftgold.de (köstliche selbst gebackene Kuchen in kuscheliger Atmosphäre);
nordmanns eisfabrik, Herrmannstraße 22 a, 40233 Düsseldorf Tel. 02 11/97 71 01 37, www.nordmanns-eisfabrik.de (ausgefallene Eissorten aus Milchprodukten in Bioqualität)

Kleines Viertel, urbane Größe

In Eckkneipen treffen sich häufig die Bewohner eines Viertels zu einem Plausch und pflegen so nachbarschaftliche Kontakte. Die Gaststätten tragen dann dazu bei, dass sich die Menschen in ihrem Wohnumfeld wohlfühlen und das alltägliche Miteinander gepflegt wird. Dieses Prinzip der Eckkneipen ist im Zentrum von Flingern-Nord verfeinert worden. Denn an den meisten Ecken der Straßenkreuzungen finden sich Cafés und Restaurants, aber auch Fachgeschäfte wie Blumen-, Feinkost- oder Modeläden. Die unterschiedlichen, meist kreativen Angebote machen das Viertel interessant und anregend. Es strahlt Urbanität aus.

Das Schöne an den Ecken der Kreuzungen sind die verheißungsvollen Aus- und Einsichten in die Straßen mit ihren vielen kleinen Spezialgeschäften. Sie haben sich im Lauf der Zeit mehr und mehr in alten Ladenlokalen etabliert und sind in dem Viertel zwischen Acker- und Lindenstraße verwurzelt, weil sich kreative Menschen dort wohlfühlen und überzeugt sind, dass es ein Resonanzboden für neue Ideen und individuelle Angebote ist.

Eine Grundlage für diese Entwicklung dürfte das Zusammengehörigkeitsgefühl sein, das in dem Wohnviertel entstanden ist. Ab Mitte des 19. Jahrhunderts herrschte in der schnell wachsenden, damals durch Industrie geprägten Stadt Düsseldorf Wohnungsmangel. Viertel mit einfachen Wohnungen für die Arbeiterfamilien wurden auf der grünen Wiese in der Nähe von Fabriken hochgezogen, so auch auf den unbebauten Flächen rund um die alte Dorfschaft Flingern. Gegenseitige Hilfe und gemeinsame sinnvolle Gestaltung der knappen Freizeit in dem dicht besiedelten Gebiet waren lebensnotwendig. Fortschrittliche Wohnprojekte in den 1920er-Jahren wie der **Eulerhof** an der Lindenstraße förderten zudem den nachbarschaftlichen Zusammenhalt.

Wegen dieser kreativen, urbanen Atmosphäre hat sich dieses Viertel in ganz Düsseldorf einen Namen gemacht. Es ist inzwischen auch zu einem begehrten Wohngebiet geworden. Trotz der Nachfrage lassen sich die angestammten Bewohner nicht verdrängen und versuchen, das Zusammenge-

Die Liebfrauenkirche fällt durch die gelben Ziegelsteinmauern auf.

hörigkeitsgefühl und die nachbarschaftliche Unterstützung zu erhalten. Um das Charakteristische dieses Viertels zu erfassen, empfiehlt es sich, in Ruhe durch die Straßen zu bummeln, sich in die unterschiedlichen Läden und Galerien treiben zu lassen und dann zur Erholung eine Pause in einem der Restaurants oder Cafés zu machen.

Vom Startpunkt Straßenbahnhaltestelle **Lindemannstraße** führt die **Dorotheenstraße** in das Viertel hinein. Die viel befahrene, mehrspurige Durchgangsstraße durchschneidet das Wohnviertel und belegt beispielhaft den Interessenkonflikt zwischen Wohnen und Verkehr in einer Großstadt. Aber selbst an der lauten und wenig einladenden Verkehrsachse hat sich der Einzelhandel eingerichtet – von Dienstleistern

wie Optiker und Friseur über ein Spezialgeschäft für Art-déco-Antiquitäten bis hin zu einem Gemüse-Obst-und-Feinkostgeschäft an der Einmündung Ackerstraße. Es gehört als Laden an der Ecke ebenso wie die im gegenüberliegenden Eckhaus eingerichtete Trattoria zu den Kennzeichen des Viertels mit dem Eckkneipen-/Eckladenprinzip.

Wir biegen nach links in die Ackerstraße ein, die in diesem Teilstück unter anderem einen Dessous- sowie einen Laden für Inneneinrichtungen zu bieten hat, und gelangen zur neugotischen **Liebfrauenkirche** **1** aus gelbem Backstein. Sie wurde 1892 eingeweiht, nachdem in dem schnell gewachsenen Flingern eine neue katholische Pfarre gegründet worden war. Beim Wiederaufbau nach der Zerstörung im Zweiten Weltkrieg und bei späteren notwendigen Sanierungen wurden kreative Veränderungen der Architektur nicht blockiert. So wurden beispielsweise der Altarraum mit der frei stehenden farbigen Orgel, die Gewölbe und die Decke künstlerisch neu gestaltet. Das passt zu Flingern.

Im weiteren Verlauf der Ackerstraße erwarten uns wieder unterschiedliche Läden, darunter eine Goldschmiede und ein Illustration/Grafik/Text-Atelier. Die Ecke zur nächsten Querstraße, der **Hoffeldstraße,** ist betont durch ein Café/Bistro, einen Blumenladen und ein Geschäft mit Schmuck- und Nähaccessoires. Von hier sind halb links auf der gegenüberliegenden Seite Wohnhäuser mit der typischen Ziegelarchitektur der 1920er-Jahre zu sehen. Wir biegen nach rechts in die baumbestandene Hoffeldstraße ein, die wegen einer Reihe von schön gestalteten Fassaden einen sehr wohnlichen Charakter besitzt. Die Ecken der nächsten Kreuzung mit **Lindenplätzchen** und **Lindenstraße** sind wieder hervorgehoben, diesmal durch das Restaurant **„sattgrün"** und ein exklusives Mode-Atelier.

Wir biegen rechts in die Lindenstraße ein. An einem der ersten Häuser auf der rechten Seite (Nr. 216) ist in einer Nische ein **Wegkreuz** **2** zu sehen. Die Fassade trägt zudem mehrere unterschiedliche Reliefs mit christlichen Motiven. Vor der Kreuzung mit der Dorotheenstraße erstreckt sich auf der

linken Seite ein Flügel der **Wohnanlage Eulerhof** 3 aus den 1920er-Jahren mit der seinerzeit modernen Klinkerarchitektur. Der Flügel wird unterbrochen durch breite Tore zu einem grünen Innenhof hin, in dem sich einst ein Wäschehaus und ein Badehaus mit Wannen und Brausen für die Bewohner der mehr als 200 Wohnungen der Anlage befanden. Der Eulerhof war damals ein Beispiel für fortschrittliches, sozial ausgerichtetes Bauen, nicht nur wegen der Gemeinschaftseinrichtungen, sondern auch wegen der hellen Kleinwohnungen mit eigenem WC. Die Wohnungen wurden inzwischen modernisiert und gelten als komfortabel.

Der Name Eulerhof erinnert an den Vorgängerbau – das Landhaus mit Park von Notar Euler.

Wir überqueren die Dorotheenstraße und gehen auf der Lindenstraße weiter, an deren Einmündung eine Gaststätte und ein Laden für Kinderschuhe und -mode die Ecken be-

Das Lindenplätzchen ist ein grüner Fleck im dicht bebauten Stadtviertel.

herrschen. In dem folgenden Abschnitt findet man unter anderem Geschäfte mit Kunst, Accessoires, Geschirr und Möbeln sowie die alteingesessene Regenbogen-Buchhandlung. Die Lindenstraße stößt auf die Hermannstraße mit dem Hermannplatz. Wir machen einen kurzen Abstecher nach links in die **Hermannstraße,** um uns die Fassaden mit Jugendstildekor an mehreren Häusern anzuschauen. Am Ende der Hermannstraße blinkt Flingerns längste zusammenhängende Einkaufsstraße, die **Birkenstraße.**

Nach dem Abstecher folgen wir der Platanenstraße links am **Hermannplatz** entlang, der mit seinen Sitzgelegenheiten und Spielgeräten Treffpunkt und Herzstück des Viertels ist, und

Die Ackerstraße zeichnet sich durch vielfältige Geschäfte und gepflegte Wohnhäuser aus.

stoßen wieder auf die Lindenstraße. An der Einmündung liegt links eine Galerie, gegenüber erhebt sich der mächtige, 1902 – in der Zeit der Expansion des Viertels – errichtete, denkmalgeschützte Bau einer **Volksschule 4** mit Brausebad für die Bevölkerung. Heute sind dort eine Kita und Wohnungen untergebracht. Die Route führt weiter über die Lindenstraße, quert die Wetterstraße mit einem Café an der Ecke und geht dann vorbei an einer ebenfalls denkmalgeschützten Schule (Nr. 100) und Geschäften zur Kreuzung Ackerstraße/Beethovenstraße. Das **Restaurant Beethoven** sowie das **Café Hüftgold** jeweils an einer Ecke, genießen Kultstatus.

Wir biogen nach rechts in die **Ackerstraße** ein, die in diesem Abschnitt die größte Dichte von Geschäften und Restaurants hat. Es wechseln sich unterschiedliche Läden mit Designermode, Öko-Fashion, Outdoorkleidung und Kindermode ab mit Galerien, einer Manufaktur für Garten- und Küchengeräte, einem Spezialgeschäft für Gärtner, einem Delikatessenladen für Kräutermischungen, Aufstriche und Liköre. Des Weiteren gibt es einen Weinspezialisten, ein Geschäft für Spielzeug traditioneller Art für kleinere Kinder, Geschirr, Schmuck, Bücher und Mode, und dazwischen eine Reihe von Restaurants.

An der Kreuzung mit der Hermannstraße, an der ein Fahrradspezialgeschäft liegt sowie die Eismanufaktur **Nordmanns Eisfabrik,** die mit ihrer Terrasse zu einer erfrischenden Pause einlädt, machen wir einen Abstecher nach rechts. Dort sind Hüte, textile Raumgestaltung und Inneneinrichtung im Angebot. An den Ecken findet man ein Floristikgeschäft und das gemütliche **Café „Oma Erika".** Die Häuser an diesem Straßenabschnitt sind gepflegt und wirken wohnlich durch die individuelle architektonische Gestaltung sowie durch Rankpflanzen an den Fassaden. Wir kehren um und biegen dann rechts in die Ackerstraße, die auch auf diesem Stück durch kleine Läden belebt wird, in denen Schmuck, Accessoires, Illustrationen oder Upcycling Design angeboten werden. An der nächsten Kreuzung geht es nach links in die Dorotheenstraße Richtung Startpunkt, und wir verlassen auf der lauten Verkehrsachse das schöne, ruhige urbane Viertel in Flingern-Nord.

Ein Wegekreuz umgeben von religiösen Darstellungen prägt das Haus Lindenstraße 216.

7 GERRESHEIM

Start/Ziel: Gerricusplatz, 40625 Düsseldorf (GPS: 51.237014, 6.862772)
Länge: ca. 9 Kilometer
Dauer: ca. 2,5 bis 3 Stunden
ÖPNV: Haltestelle Gerresheim Rathaus, U-Bahn-Linie U73, Buslinien 725, 733 und 738
Parken: Parkplatz am Ende der Gerricusstraße (gegenüber Häuser 20–24)

Unterwegs entdeckt:

1 Gerricusplatz/Basilika St. Margareta
2 Quadenhof
3 Kanonikerhaus
4 Alte Stadtmauer
5 Hexen-Mahnmal
6 Jüdischer Friedhof
7 Gustav-Adolf-Kirche
8 Italienisches Viertel Little Italy
9 Aussichtspunkt

Essen + Trinken:

In Gerresheim gibt es diverse Einkehrmöglichkeiten für jeden Geschmack und jeden Geldbeutel. Hier eine kleine Auswahl: **Trattoria Da Giacomo,** Neusser Tor 17 a, 40625 Düsseldorf, Tel. 02 11/2 92 62 88, www.da-giacomo.de (schönes Gartenlokal); **Ristorante Saltimbocca,** Kölner Tor 40, 40625 Düsseldorf, Tel. 02 11/29 68 73, www.ristorante-saltimbocca.de (gehobene italienische Küche, mehrmaliger Gewinner der „Tour de Menu"); **Restaurant Herr Knillmann,** Alter Markt 1a, 40625 Düsseldorf, Tel. 0211/22 08 67 90, www.herr-knillmann.de (modernes Brauhaus); **Bistro Terranova**, Heyestraße 119, 40625 Düsseldorf, Tel. 02 11/28 88 76, www.bistro-terranova.de (original italienisches Flair); **Mama Lisi,** Nachtigallstraße 3, 40625 Düsseldorf, Tel. 02 11/28 76 98 (eine der ältesten Pizzerien in Düsseldorf, original italienisches Flair, apulische Küche)

Eine alte Stadt in den Hügeln

Zwei markante, weithin sichtbare Türme dominieren das Ortsbild von Gerresheim und stehen für zwei Entwicklungen, die die einst selbstständige Stadt am Fuße der niederbergischen Hügelketten prägen. Der gläserne, viereckige Wasserturm mit dem blauen, gekrönten G der ehemaligen, 2005 geschlossenen Glashütte erinnert an eine bedeutende Industrie, der achteckige rot-weiße Turm der romanischen Basilika St. Margareta weist auf den sehr frühen Ursprung des Ortes hin: auf ein Stift für hochadlige Frauen. Der fränkische Edelherr Gerrich hatte es im 9. Jahrhundert gegründet, seine Tochter Regenbierg war die erste Äbtissin. Im Laufe der Jahrhunderte entwickelte sich um das Stift herum eine Stadt mit Marktplatz und Befestigungen. Auch das Stift wuchs und bekam schließlich 1236 die repräsentative Basilika, die bis heute mit ihrem Turm aus allen Himmelsrichtungen über den Dächern der Stadt zu sehen ist.

Im Schatten des Turms beginnt unser Spaziergang durch Gerresheim auf dem **Gerricusplatz, 1** der von der harmonischen Architektur der Kirche geprägt wird. Dahinter treten die abwechslungsreichen Häuserfassaden vor allem der Fachwerkbauten – die meisten stammen aus dem 18. Jahrhundert – zurück. Zusammen mit der doppelten Baumreihe als Fassung des Platzes wirkt der Gerricusplatz einladend und beschaulich und ist wohl einer der schönsten in Düsseldorf.

Versteckt hinter den Fachwerkbauten am östlichen Rand des Platzes liegt der **Quadenhof, 2** eine im 15. Jahrhundert erbaute Wasserburg. Sie bekam ihren Namen von einem der Besitzer, Adolf Quad von Rade, der einem mächtigen Rittergeschlecht entstammte. Ein Torweg am Haus Gerricusplatz 23 führt zu dem wuchtig wirkenden Gebäude mit einem turmbesetzten Dach. Der Wassergraben ist längst zugeschüttet. Einst Sitz der Vögte der bergischen Landesherren wird es heute privat genutzt.

Ein Blickfang auf dem Gerricusplatz ist die bronzene Stele des Heimatbrunnens, der im naturalistischen Stil Szenen aus der Geschichte Gerresheims zeigt. Vom Haus 23 geht es am

Brunnen vorbei zu einem etwa zwei Meter breiten Durchlass zwischen den Häusern am südlichen Rand des Platzes – zum **Beginengässchen.** Es führt direkt zum **Alten Markt.** Der lang gezogene, ebene Platz strahlt mit seinen flach geschnittenen Platanen und dem Mahnmal für die Opfer der Weltkriege ein französisches Flair aus. Nicht von ungefähr haben Boulespieler ihn für sich entdeckt.

Vom Beginengässchen aus führt die Route rechts über den Alten Markt zur **Straße Kölner Tor,** deren Einmündung durch zwei Brunnentürme neben der Fahrbahn hervorgehoben ist. Wir biegen rechts in die Straße Kölner Tor ein und gelangen nach wenigen Metern links in die **Fußgängerzone Neusser Tor.** Kaum zu glauben, dass sich noch bis in die 1980er-Jahre, bis zu einer grundlegenden Neugestaltung des Ortskerns, Straßenbahnen und Autos durch die engen Straßen quälten.

Ein Bild des abgerissenen Neusser Tors verziert eine seitliche Fassadenwand des Hauses gegenüber der Fußgängerzone.

Die Fußgängerzone endet vor mehrgeschossigen, massig und etwas steril wirkenden Gebäuden mit Arkaden und einem breiten Durchgang. Diese sogenannten **Riegelbauten** sollen an den Turm des Neusser Tores an dieser Stelle erinnern, der 1875 niedergelegt wurde.

Der Charakter der Fußgängerzone ist zweigeteilt. Auf der rechten Seite Richtung Riegelbauten steht eine Zeile mit moderneren Häusern. An ihrem Ende öffnet sich der kleine **Aloys-Odenthal-Platz** mit einem Gartenrestaurant. Er lässt den Blick frei auf den Ziegelbau des ehemaligen Pfarrhauses im Jugendstil. Auf der anderen Seite stehen alte Häuser, die zum **ehemaligen Katharinenkloster** gehörten, das bis 1836 Franziskanerinnen bewohnten. Ein Dachreiter auf den sanierten Häusern, in denen heute die städtische Verwaltung des Stadtbezirks untergebracht ist, weist noch auf die kirchliche Vergangenheit hin. Die Gebäude sind der südliche Flügel des Klosters. Der nördliche wurde abgerissen, an ihn erinnert nur noch ein mit hellen Steinen nachgezeichneter Grundriss im Pflaster der Fußgängerzone.

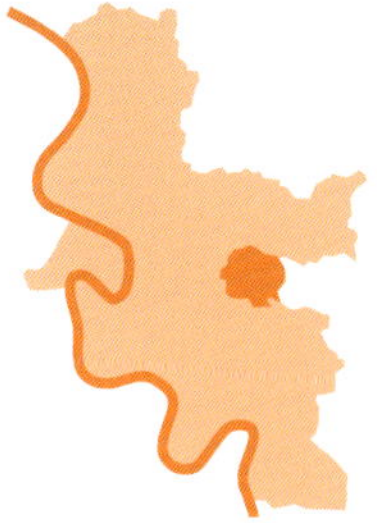

Blickfang vor den Riegelbauten ist ein schönes Fachwerkhaus, das **Kanonikerhaus.** 3 Es wurde 1598 für geistliche Herren errichtet und 1991 von dem Gerresheimer Architekten und Ehrenbürger der Stadt, Aloys Odenthal, mit alten Handwerkstechniken restauriert. Kern der Lehmwände zwischen den Balken ist ein Weidengeflecht. Dieses ist in einem Feld hinter Glas sichtbar – als Dokumentation der Bauweise.

Vor dem Kanonikerhaus öffnet sich links ein Innenhof mit Kugelbrunnen, über den der Weg halb rechts zu Resten der **alten Stadtmauer Gerresheims** 4 führt. Das Ziegelmauerwerk steht scheinbar ohne Bezug zu den modernen Riegelbauten an der Straße **Am Wallgraben.** Tatsächlich jedoch geht die neue Architektur auf die wenigen Überbleibsel der

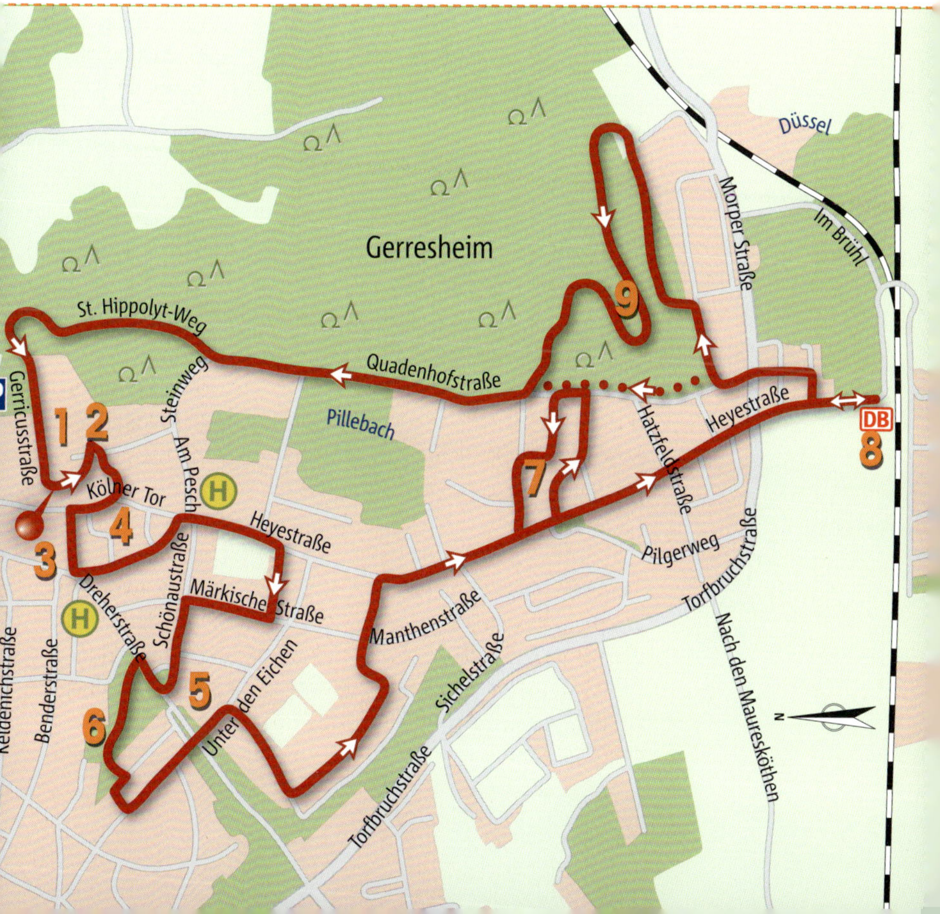

Der Quadenhof hat auch als Wohnhaus seinen ursprünglichen Charakter einer Burg nicht verloren.

Stadtbefestigung ein: Mit der Anordnung der Häuser zeichnet sie den gebogenen Verlauf der ehemaligen Stadtmauer nach, die sich links und rechts am Neusser Tor anschloss.

Ebenfalls an die Stadtbefestigung erinnert die Grünfläche vor der Straße Am Wallgraben, in die bei der Umgestaltung des Ortskerns die Straßenbahngleise gelegt wurden. Sie ist auf der Fläche des Grabens vor dem Wall angelegt worden – daher auch ihr Name.

Nach links folgen wir dem Gehweg Am Wallgraben am Grünzug entlang vorbei an einem Fußweg, an dessen Ende vor den Straßenbahngleisen ein Gedenkstein für die 1875 gebaute **Synagoge** von Gerresheim steht. Das Bethaus wurde von den Juden nach der Eingemeindung von Gerresheim im Jahr 1909 aufgegeben. Die gebogene Gasse mit den älteren, kleinen Häusern mündet auf die Straße Kölner Tor – in etwa an dem Punkt, an dem einst das Stadttor gleichen Namens den Zugang aus dem Süden in die Stadt ermöglichte. An ihrem südlichen Ende beginnt dann die **Heyestraße,** die zur ehemaligen Glashütte führt. Ihr Name erinnert an Ferdinand Heye, der 1864 das Werk gründete.

Die Heyestraße verbindet den mittelalterlichen Ortskern mit dem Bahnhof Gerresheim.

Den Anstoß für die Industrialisierung in Gerresheim gab der Bau der ersten westdeutschen Eisenbahnlinie, die von Düsseldorf etwa zwei Kilometer südlich am mittelalterlichen Ortskern von Gerresheim vorbei nach Erkrath und Wuppertal führte und für die der Gerresheimer Bahnhof gebaut wurde. Die Eisenbahnverbindung ermöglichte den Transport von Rohstoffen und Gütern zwischen Gerresheim und dem Düsseldorfer Rheinhafen. Heye hatte die günstige Lage schnell erkannt und gründete dort die Glashütte.

Aber auch im Zentrum Gerresheims – zum Beispiel im leer stehenden Katharinenkloster am Neusser Tor – blühte die Industrie auf, und es eröffneten Drahtstiftfabriken. Direkt vor den Toren des Ortes an der **Heyestraße 20–26** gründete Dietmar Künne 1864 eine Nagelfabrik und Drahtzieherei. Die lange, massige Mauer mit dem großen Giebelelement vor dem Innenhof mit Werkstätten prägt heute noch den Straßen-

abschnitt. Die Graffiti auf der großen Wandfläche lenken den Blick ab von den sparsam angebrachten Schmuckelementen im Jugendstil. Typisch für diese Zeit ist diese Industriearchitektur. Wie dort an der **Ecke Künnestraße** wechselte sie sich häufig mit Werkswohnungen und Siedlungshäusern ab. Einige typische Siedlungshäuser finden sich auch an der Künnestraße, die uns auf dem Rundgang zu einem Innenhof führt. Er ist einer von vielen zwischen den Straßenachsen von Gerresheim und wurde 2006 von einer Baugesellschaft bewusst zu ansprechendem Wohnumfeld hergerichtet. Ein Privatweg führt durch den Innenhof vorbei an einem Glas-Kunstwerk auf die **Märkische Straße,** der wir nach rechts folgen. Einige Häuser an dieser Straße geben mit ihren Jugendstil- und klassizistischen Fassaden einen Eindruck von der bürgerlichen Wohnkultur Anfang des 20. Jahrhunderts. An der **Ecke Schönaustraße** liegt die Martin-Luther-King-Förderschule, die in denkmalgeschützten Gebäuden der 1892 gegründeten ehemaligen katholischen Volksschule untergebracht ist. Die Schönaustraße endet vor der **Dreherstraße** an einem kleinen Platz mit einem **Gedenkstein, 5** der die Erinnerung an ein dunkles Kapitel der Gerresheimer Geschichte wachhalten will – die Verfolgung und Tötung angeblicher Hexen. 1738 wurden in Gerresheim zwei Frauen auf dem Scheiterhaufen verbrannt – zu einem Zeitpunkt, als in anderen westdeutschen Städten Anklagen wegen Hexerei nicht mehr erhoben wurden, weil sie als Auswüchse eines Wahns galten. Der Gedenkstein verzichtet auf die üblichen Darstellungen von Flammen, Folterinstrumenten und jungfräulichen Gestalten – wie auch auf dem Heimatbrunnen auf dem Gerricusplatz –, und zeigt eine Frau, die wie unter einem ungeheuren Druck zusammengequetscht und durch Fesseln eingezwängt ist, und macht so auch die ungeheure psychische Gewalt in der Gesellschaft deutlich. Auf Antrag von Bürgern rehabilitierte der Düsseldorfer Stadtrat die beiden Frauen im Jahr 2011.

Die gegenüberliegende Seite der **Dreherstraße** begrenzt ein kleiner Park, durch den in der Mitte ein breiter Weg halb links hinaufführt. Er war einmal der Friedhof von Gerresheim, der wegen der Bebauung nicht mehr vergrößert werden konnte und daher aufgegeben wurde. Der Weg mündet in die **Mansfeldstraße.** Direkt rechts hinter einer Mauer mit großem Gittertor liegt der alte **jüdische Friedhof,** 6 der ebenfalls aufgegeben wurde.

Von der Mansfeldstraße geht es links auf die Straße **Unter den Eichen.** Eine Fußgängerbrücke überspannt die Dreherstraße, die tief in einer Schlucht zwischen den Hügeln liegt. Auf der linken Seite der Straße Unter den Eichen rücken kleinere Siedlungshäuser in den Blick. Doch wir biegen vorher nach rechts in die Straße **An der Leimkuhle,** um weiter zur Straße **Am Zollhaus** mit ihrer langen Reihe von kleinen, schlichten Häusern mit einheitlicher Architektur zu gelangen. Sie gehören zu einer der bedeutendsten Wohnsiedlungen, die Ende der 1920er-Jahre in Düsseldorf errichtet wurden, um den vielen armen, wohnungssuchenden Familien ein preiswertes Zuhause zu bieten. Der Name Am Zollhaus verweist auf die Zollstation, die das Gerresheimer Stift an der Grenze zu seinem Gebiet dort errichtet hatte. Über die Straßen **Klotzbahn** und **Dörpfeldstraße** gelangen wir auf die **Heyestraße**, biegen dort nach rechts ab und erreichen in Höhe der **Dreifaltigkeitsstraße** ein Zentrum des südlichen Gerresheims: die **Gustav-Adolf-Kirche** 7 mit ihrem Gemeindezentrum, die **Ferdinand-Heye-Grundschule** sowie repräsentative bürgerliche Häuser in den umliegenden Wohnstraßen. Der Gründer der Glashütte, Ferdinand Heye, hatte das Grundstück für die Kirche und die Schule gestiftet und auch Geld für den Schulbau bereitgestellt. Es war eine Investition in die Zukunft der Glashütte, denn viele der Facharbeiter, der „Glaspüster", kamen aus Mittel- und Ostdeutschland, waren evangelisch und brauchten ein religiöses Zentrum und ihre Kinder eine Schule.

Der Name „An der Leimkuhle" erinnert daran, dass dort einmal Lehm abgebaut wurde.

Bereits 1868 wurde die Schule eröffnet, zehn Jahre später dann die benachbarte Kirche eingeweiht. Ihre Gestaltung

An der evangelischen Gustav-Adolf-Kirche fließt der Pillebach in einem kleinen Park vorbei.

steht stilistisch in der Tradition des Berliner Architekten Karl-Friedrich Schinkel. Zusammen mit dem Gemeindezentrum mit Saal, dem alten Pfarrhaus an der Hardenbergstraße sowie den 2011 eröffneten Erweiterungsbauten rund um einen kleinen Park mit Brücken über den naturnah gestalteten Lauf des Pillebachs bildet sie ein dörflich anmutendes Ensemble.

Es steht im Kontrast zu den repräsentativen, bürgerlichen Wohnhäusern der umliegenden Straßen, beispielsweise an der Hardenbergstraße, die auch durch den Park der Kirche von der Heyestraße aus zu erreichen ist.

Wir folgen der **Hardenbergstraße,** biegen dann links in die **Quadenhofstraße** und direkt wieder links in **die Ottostraße,** dann rechts in die **Vereinsstraße** und dann wieder links in die **Dreifaltigkeitsstraße.** Immer wieder ziehen reich gegliederte Häuserfassaden den Blick auf sich. Einen burgähnlichen Charakter hat die Villa an der Ecke Dreifaltigkeitsstraße/Heyestraße, in der der erste Werksarzt der Glashütte wohnte. Gegenüber liegt etwas versteckt in einem Park an der Heyestraße 92 die **Villa Poggfred,** die durch ihren Turm auffällt. Genauso prächtig wie das Äußere sind auch die Innenräume gestaltet. Sie drückt wie viele andere Häuser das Selbstbewusstsein des erfolgreichen gehobenen Bürgertums aus, das zu dieser Zeit die Gesellschaft prägte. Die Villa war lange Zeit mit Dichterlesungen, Hausmusik und Literaturzirkeln ein kultureller Mittelpunkt.

Die neuen Wohnviertel entstanden auf der „grünen Wiese" weit vor den Toren der mittelalterlichen Stadt Gerresheim. Im 16. Jahrhundert stand dort nur das Kirchlein am Pilgerweg gegenüber der Gustav-Adolf-Kirche. Blutskapelle wird es genannt, weil dort damals bereits die Verehrung der Reliquie von Jesu Blut nachgewiesen ist. Es sind Steinchen vom Berg Golgatha, die ein Ritter von Eller auf einem Kreuzzug im 13. Jahrhundert aus dem Heiligen Land mitbrachte und dem Stift schenkte.

Die Heyestraße als Hauptverbindungsstraße zwischen dem mittelalterlichen Gerresheim und den neuen Vierteln an der Glashütte war und ist eine wichtige Einkaufsstraße. Ihr

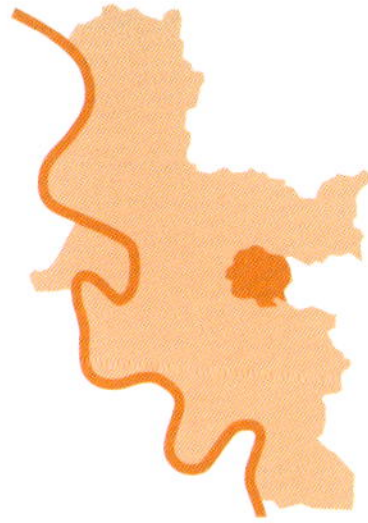

letzter Abschnitt vor dem Glashüttengelände wird heute aufgrund der vielen italienischen Geschäfte – Restaurants, Cafés, Lebensmittelläden und Eisdielen – **Little Italy** 8 genannt. Sie wurden eröffnet wegen der vielen Italiener, die seit den 1960er-Jahren nach Gerresheim kamen, weil sie in der Glashütte Arbeit gefunden hatten.

Die Heyestraße endet am **Gerresheimer Bahnhof.** 1877 als Ersatz für Vorgängerbauten errichtet, ist er der älteste erhaltene Bahnhof auf Düsseldorfer Stadtgebiet und ein Beispiel für die typisierte Zweckarchitektur von Bahnhöfen zu dieser Zeit. Er hat inzwischen als Bahnhof ausgedient und wird privat genutzt. Der neue S-Bahn-Haltepunkt liegt nur wenige Meter entfernt.

Zwischen dem Bahnhof und der **Torfbruchstraße** dehnte sich die **Glashütte** aus, hier standen die Hallen mit den Glaswannen und Produktionsmaschinen. In der von Ferdinand Heye 1864 gegründeten Glashütte arbeiteten anfangs nur zwölf Glasbläser, aber die Mitarbeiterzahl stieg schnell. In der Blütezeit stellten 5300 Arbeiter Flaschen und Einmachgläser her. Wegen der Marktsättigung und harten Konkurrenz wurde die Glashütte 2005 geschlossen. Fast alle Hallen und Gebäude wurden abgerissen. Übrig geblieben sind nur drei denkmalgeschützte Bauten: die Elektroschaltzentrale, das Kesselhaus und der weithin sichtbare, hohe, viereckige Turm mit dem blauen G, das für den Markennamen Gerrix stand. Die Gebäude sind in ein großes, neues Wohngebiet auf der ehemaligen Werksfläche – das **Glasmacherviertel** – integriert. In 2020 ist der Bebauungsplan in Arbeit.

Direkt neben dem Glashüttengelände hatte Ferdinand Heye Werkswohnungen errichten lassen. Das **Quartier „Neustadt"** an der **Owens-, Porta- und Morperstraße** mit den kleinen Häusern für die Arbeiterfamilien ist erhalten geblieben.

Von der Siedlung Neustadt geht es auf direktem Weg über die **Quadenhofstraße** zum alten Ortskern nach Gerresheim zurück. Sie verläuft direkt am Fuß der **Gerresheimer Höhen,** der Ausläufer des Bergischen Landes.

Wer den Charakter der Landschaft näher kennenlernen will und einen manchmal etwas steilen Anstieg nicht scheut, der sollte einen kurzen Umweg durch den Wald machen. Belohnt wird er mit einem herrlichen **Ausblick über Gerresheim und Düsseldorf 9** bis hin zum Rhein und dem Rheinturm. Für den Schlenker in die Natur geht es von der Quadenhofstraße rechts in die **Hagener Straße** am Waldrand. An deren Ende an einem Wendehammer führt die Route vor einem Zaun nach links und nach einer Rechtsbiegung auf einem schmalen Spazierweg zum **Naturfreundehaus,** Morper Straße 128.

Lohnenswert ist ein kurzer Abstecher vom Naturfreundehaus zur Dammer Mühle. Dafür biegen wir am Naturfreundehaus rechts ab, gehen bis zur Morper Sraße, dann links unter der Bahnbrücke hindurch und dann direkt rechts auf das Gelände der **Dammer Mühle** mit ihrem Stufengiebel. Bereits 1324 wird sie urkundlich erwähnt und ist damit eine der ältesten Mühlen an der Düssel, die dort vom Bergischen Land kommend auf das Düsseldorfer Stadtgebiet fließt. Wir gehen zurück zum Naturfreundehaus zur Route. Hinter dem Haus geht es links in den Wald hinauf (Kennzeichen Raute).

An der Hügelkante vor Gerresheim verlief nach der Eiszeit die Meeresküste.

An den Weggabelungen halten wir uns jeweils links und folgen dem **Kennzeichen N** bis zu einem Rastplatz mit wunderbarem Fernblick. Der Weg führt weiter in das Tal hinunter und über eine Wiese mit Spielgeräten zur **Quadenhofstraße.** Rechts geht es dann zurück nach Gerresheim. Vor der Biegung der Straße nach links geht es geradeaus in den **St.-Hippolyt-Weg** zwischen Kleingärten und Waldrand. An der ersten Gabelung halten wir uns rechts und folgen einem Rundweg entlang einer Wiese am Hang. Dort liegt einem die Basilika St. Margareta gleichsam zu Füßen. Der Spazierweg verläuft zur **Gerricusstraße,** an deren Beginn eine Kapelle liegt. Sie wird Pützgen genannt, weil dort einmal eine Quelle entsprang, der zu heidnischer Zeit Heilkraft zugeschrieben wurde. Auf der Gerricusstraße geht es zurück zu unserem Ausgangspunkt an der Basilika St. Margareta.

Die Basilika
ST. MARGARETA

Die im romanisch-gotischen Übergangsstil erbaute Basilika St. Margareta wurde 1236 eingeweiht. Sie zählt wie St. Quirinus in Neuss zu den bedeutendsten Kirchbauten nördlich von Köln. Die Farbkombinationen mit dem dominierenden Rot außen wie innen stützen sich auf Partikelfunde, die Archäologen bei der Sanierung gesichert haben, und entsprechen der originalen Gestaltung. Das Gotteshaus, dessen Architektur unter anderem durch die meisterliche Gliederung des Raumes durch unterschiedliche Bögen besticht, beherbergt viele bedeutende Kunstwerke, allen voran das monumentale Holzkruzifix über dem Hochaltar. Es stammt aus dem 10. Jahrhundert. Als Kunstwerk von ähnlichem Rang ist nördlich der Alpen nur das Gero-Kreuz in Köln bekannt. An die Kirche schließt sich das Stiftsgebäude mit mittelalterlichem Kreuzgang an.

8 OBER- UND NIEDERKASSEL

Start/Ziel: Haltestelle Barbarossaplatz, 40545 Düsseldorf (GPS: 51.231526, 6.754444)
Länge: ca. 11 Kilometer
Dauer: ca. 2,5 bis 3 Stunden. Die Tour kann auch geteilt werden in einen Rundgang durch Oberkassel und durch Niederkassel (siehe Seite 110 ff.).
ÖPNV: Haltestelle Barbarossaplatz, U-Bahn-Linien U74, U75, U76 und U77
Parken: Parkhaus Barbarossaplatz, Luegallee 69, 40545 Düsseldorf

Unterwegs entdeckt:

1 Drakeplatz/Drakestraße
2 Kirche St. Antonius
3 Oberkasseler Brücke
4 Kapelle Heiligenhäuschen
5 Oberkasseler Bahnhof
6 Auferstehungskirche
7 Eko-Haus, Brüggener Weg 6
40547 Düsseldorf
Tel. 02 11/57 79 18-0
www.eko-haus.de
8 Alter Dorfkern Niederkassel

Essen + Trinken:

Restaurants und Bistros finden sich vornehmlich im Bereich Luegallee und Niederkasseler Straße. Besonderheiten:
Café Muggel, Dominikanerstraße 4, 40545 Düsseldorf, Tel. 02 11/55 41 82, www.cafe-muggel.de (Café, Bar, Restaurant mit Souterrain-Kellerkino);
Alter Bahnhof Oberkassel, Belsenstraße 2, 40545 Düsseldorf, Tel. 02 11/55 78 99 41, www.brauhaus-alterbahnhof.de (mit eigener Altbierbrauerei); **Salumeria und Piazza Saitta,** Barbarossaplatz 2 und 3, 40545 Düsseldorf, Tel. 02 11/1 71 51 91 www.saitta.de (traditionsreiches italienisches Restaurant sowie Feinkosthandel);
Brauhaus Johann Albrecht, Niederkasseler Straße 104, 40547 Düsseldorf, Tel. 02 11/57 01 29, www.brauhaus-joh-albrecht.de (mit eigener Altbierbrauerei, angeschlossen ist die Brennerei Schmittmann);
„Im alten Bierhause" Meuser, Alt Niederkassel 75, 40547 Düsseldorf, Tel. 02 11/55 12 72, www.meuser1853.de (traditionelles Wirtshaus, berühmt für seine Speckpfannkuchen)

Dörfliche Spuren im urbanen Stadtviertel

Die Luegallee zerfällt in zwei Hälften, die die Straßenbahngleise mit ihrem dunklen Schotterbett trennen. Am Startpunkt der Tour auf dem Barbarossaplatz etwa in der Mitte der Luegallee ist diese Barriere in ihrem Ausmaß klar zu erfassen. Aber gerade dieser Bahntrasse verdankt das schöne und begehrte Wohnviertel Oberkassel sein Entstehen. Als Ende des 19. Jahrhunderts ein Kreis von Düsseldorfer Unternehmern um den Industriellen Heinrich Lueg eine elektrische Schnellbahn vom Zentrum Düsseldorfs aus über eine neue, feste Rheinbrücke nach Krefeld bauen wollten, brauchten sie Finanzierungsquellen. Die von ihnen gegründete Rheinische Bahn-Gesellschaft AG kaufte daher die Acker- und Wiesengrundstücke rund um die linksrheinischen Dörfer Ober- und Niederkassel, verkaufte sie als Baugrund für Wohnhäuser und finanzierte mit dem Gewinn Teile der Bahnlinie. Die Baugrundstücke waren begehrt, weil die Anbindung des Linksrheinischen an das Zentrum von Düsseldorf durch die Bahn für die damalige Zeit exzellent war. So entstanden anspruchsvolle, repräsentative Wohnquartiere, die heute noch in ihrer Geschlossenheit ein Bild von einer Stadt im ersten Drittel des 20. Jahrhunderts abgeben.

Sie sind auf dem Rundgang zu erleben. Ein gutes Beispiel ist die **Dominikanerstraße,** die wir nach Überqueren des südlichen Barbarossaplatzes erreichen, mit ihren Wohnhäusern im Jugend- und klassizistischen Stil. Die Geschäfte, Cafés und das Souterrain-Kellerkino zeigen, dass das Viertel lebendig ist. Von der Dominikanerstraße geht es nach wenigen hundert Metern links in die Wildenbruchstraße, die ebenfalls durch ihre abwechslungsreiche Architektur, auch mit Klinkerfassaden, besticht. Nach der Einmündung zum **Drakeplatz,**
1 dessen Besonderheit die Einmündung von Wohnstraßen jeweils an den Eckpunkten des Platzgevierts ist, halten wir uns auf der linken Seite des Platzes und gehen weiter in die Drakestraße. Die Gebäude-Ensemble am Drakeplatz und an der Drakestraße zeigen harmonische, aufeinander abgestimmte Proportionen, wirken aber wegen ihrer detailreichen Gestaltung mit Elementen des Klassizismus und des Jugend-

Die Häuser an Drakeplatz und Drakestraße sind ein gutes Beispiel für eine abwechslungsreiche Architektur.

stils nicht langweilig. Von der Drakestraße aus verläuft der Rundgang erst rechts in die Cheruskerstraße und dann sofort wieder links in die Adalbertstraße, die zwar nur wenige interessante Wohnhäuser bietet, dafür aber einen schönen Blick auf die monumentale, wuchtige neuromanische Kirche **St. Antonius** **2** (Architekt Josef Kleesattel) mit ihrem mächtigen Vierungsturm, den Seitenflügeln, der runden Apsis und den beiden Türmen an der westlichen Eingangsfront an der Luegallee. Ein Blick in das Gotteshaus ist lohnenswert. Das durch die farbigen Fenster stets etwas dämmrige Innere besticht durch die voluminöse und daher befreiend wirkende Raumgestaltung, die durch die ornamentale Ausschmückung des Künstlers Gerhard Wind (um 1980 geplant) unterstützt wird.

Das Innere der Antonius-kirche besticht durch die ornamentale Ausmalung.

Auf der Hauptachse von Oberkassel, der **Luegallee,** gehen wir nach rechts Richtung Rhein, verlassen sie aber sofort wieder, um an der **Oberkasseler Straße** die letzten Spuren des Bauerndorfes Oberkassel zwischen den jüngeren Gebäu-

den zu entdecken. Die nur zweigeschossigen, aus dem Ende des 18. Jahrhunderts bzw. des frühen 19. Jahrhunderts stammenden Häuser Nr. 52 und 62 gehörten zur Dorfbebauung. In den Innenhöfen liegen weitere kleine Bauten. Unverkennbar auch der dörfliche Charakter der Häuser Nr. 28 sowie Nr. 6. Letzteres ist das Wohnhaus des ehemaligen Faustenhofes, das etwas in die Straßenflucht hineinreicht und durch die weiß geschlämmte Fassade auffällt. Wir sehen das Haus deutlich beim Abbiegen von der Oberkasseler Straße links in einen weiteren Abschnitt der **Wildenbruchstraße,** der wieder die Architektur aus der Entstehungszeit des „modernen" Oberkassels zeigt. Weiter geht es links in die Cimbernstraße, auf deren rechter Seite Beispiele einer gehobenen, repräsentati-

ven Wohnarchitektur der jüngsten Zeit stehen, dann rechts am Spielplatz Salierstraße vorbei und dann links über die Teutonenstraße zurück zur Luegallee und dort rechts Richtung Oberkasseler Brücke, deren Pylon mit den Schrägseilen hoch in den Himmel ragt.

Die **Oberkasseler Brücke** **3** gehört zu der von Stadtplaner Friedrich Tamms entworfenen, elegant und filigran wirkenden Düsseldorfer Brückenfamilie mit Schrägseilen, zu der auch die Rheinkniebrücke und die Theodor-Heuss-Brücke gehören, die wir auf dem Rundgang noch kennenlernen werden. Die Oberkasseler Brücke ist die jüngste Schrägseilbrücke und die einzige, die einen Vorgängerbau ersetzt – eine kastenförmige Stahlkonstruktion, die als provisorischer Ersatz für die im Zweiten Weltkrieg zerstörten Rundbogenbrücke errichtet worden war. Zur Einmündung der Brücke hin öffnet sich die Luegallee zu einem breiten Platz, der ein großzügiges Entree in den linksrheinischen Stadtteil bieten soll. Wir halten uns rechts, biegen rechts in den **Kaiser-Wilhelm-Ring** ein und gehen auf der Allee mit den formgeschnittenen Platanen,

Die Oberkasseler Brücke wurde neben der alten gebaut und dann als Ganzes in ihre endgültige Position verschoben.

Die Oberkasseler Brücke ist das jüngste Mitglied der Schrägseil-Brückenfamilie.

Die neuromanische Antoniuskirche wirkt trutzig wie eine Gottesburg.

die ein Markenzeichen von Düsseldorf sind und in erster Linie an Uferpromenaden stehen. Auf der rechten Seite haben wir die ideenreich gestalteten Häuser aus der Aufbauzeit Oberkassels im Blick und auf der linken Seite die Rheinfront der Altstadt sowie halb links voraus den **Rheinturm,** das **Stadttor** (siehe Route 4, Seite 66) und die **Rheinkniebrücke.** Sie ist die zweitälteste der Düsseldorfer Brückenfamilie und an ihrem Doppelpylonen zu erkennen. Am Ende des Kaiser-Wilhelm-Rings überqueren wir die Düsseldorfer Straße, gehen links an dem lang gestreckten Ziegelbau mit bunten Fenstern – der Jugendherberge – vorbei, lassen die Rheinallee mit der Platanenallee rechts liegen, unterqueren die Rampe der Rheinkniebrücke und benutzen den Deichweg entlang der Brückenauffahrt und Schnellstraße bis zu einer Fußgängerbrücke rechter Hand. Auf der anderen Rheinseite dehnt sich der **Medienhafen** mit seinen architektonisch anspruchsvollen Bauten (siehe Route 4) und dann der **Industriehafen** mit Lagerhäusern, Krananlagen und dem Kraftwerk Lausward aus. Gut zu erkennen sind die scharfen Biegungen des Rheins und am Horizont Gebäude des Stadtteils Heerdt. Der Weg über die Fußgängerbrücke führt direkt zur **Rheinallee** und der Einmündung der **Straße Am Heiligenhäuschen.** Sie trägt ihren

Namen wegen einer kleinen Kapelle, 4 die als das älteste erhaltene Bauwerk Oberkassels gilt. Sie gehörte zu einem Bauernhof, dem Schürmannshof, und ist 1772 erstmals urkundlich belegt. Am Ende der Straße Am Heiligenhäuschen geht es links in die **Düsseldorfer Straße** und nach einigen hundert Metern rechts in die **Barmer Straße,** an denen wieder viele architektonisch interessante Häuser zu bewundern sind. Bemerkenswert ist der große Block des Wohnhauses Barmer Straße 3, der zwischen den sonst meist schmaleren Häuser aus dem Rahmen fällt. Die Barmer Straße führt direkt auf den alten **Oberkasseler Bahnhof** 5 am Belsenplatz zu. Das gelbe Klinkergebäude mit Turm und Eingangshallen wurde 1892 als Endpunkt einer Eisenbahnlinie aus Richtung Aachen und Neuss gebaut. Die Strecke, zuletzt für den Güterverkehr genutzt, wurde in den 1970er-Jahren stillgelegt. Heute befindet sich in dem Bahnhof ein Brauhaus mit Gaststätte. Von der Barmer Straße geht es rechts am Belsenplatz vorbei in die Luegallee und auf der lebendigen Einkaufsstraße zurück zum Barbarossaplatz.

Wer möchte, beendet seinen Oberkassel-Rundgang hier, alle anderen können den Rundgang Richtung **Niederkassel** fortsetzen. Nach dem Überqueren der Luegallee zur anderen Hälfte des Barbarossaplatzes mit der Brunnenanlage neben den dominierenden, eine architektonische Einheit bildenden fünf Wohnbauten gehen wir über die Arnulfstraße, die durch Häuser mit Klinkerfassaden teils aus den 1920er-Jahren geprägt ist, auf die **evangelische Auferstehungskirche** 6 an der Ecke Quirinstraße zu. Die von den Architekten Rudolf Wilhelm Verheyen und Julius Stobbe ungewöhnlich gestaltete, 1914 eingeweihte erste linksrheinische evangelische Kirche mit ihrem steilen Mansardendach und dem achteckigen Turm bildet mit dem Gemeindehaus und dem erhöhten Vorplatz ein ausgewogenes Ensemble und ist ein Orientierungspunkt im Viertel. Wir biegen rechts in die **Quirinstraße** und gehen entlang des christlichen Zentrums weiter bis zur **Schorlemer Straße,** dort links und an den Grünflächen des Comeniusplatzes und der Bezirkssportanlage vorbei bis zur Lewitstraße, dort wieder

Die Kapelle Heiligenhäuschen ist das älteste erhaltene Bauwerk von Oberkassel.

Das Ensemble der Auferstehungskirche macht wegen der außergewöhnlichen Gestaltung von sich reden.

Der buddhistische Tempel und der Glockenturm (l.) sind der Mittelpunkt des EKO-Zentrums.

links und dann gleich rechts in die **Peter-Roos-Straße** mit typischen Wohnanlagen aus den 1970er-/1980er-Jahren bis zum **Niederkasseler Kirchweg.**

Das traditionelle Holzhaus wurde in Japan gekauft und dann nach Düsseldorf gebracht.

Wir überqueren ihn und kommen über einen Fußweg neben dem Brüggener Weg nach wenigen Metern zum linker Hand gelegenen Gelände des **Eko-Hauses** **7** des japanischen Kulturzentrums. Es wurde 1993 auch deshalb in Düsseldorf eröffnet, weil in der Landeshauptstadt eine der größten japanischen Gemeinden Europas lebt. Rund um einen klassischen japanischen Garten liegen unter anderem ein buddhistischer Tempel, ein Glockenturm und ein traditionelles japanisches Holzhaus, in dem des Öfteren Teezeremonien zelebriert werden.

Vom Haupteingang des Zentrums gehen wir zurück zur Straße und anschließend links in den **Niederkasseler Kirchweg,** von dem aus dann rechts in die **Niederkasseler Straße** bis zur **Kanalstraße.** In diesem Abschnitt fällt das Jugendstilhaus mit dem Bella Barista Café aus dem Rahmen der eher monotonen Gebäude der jüngeren Zeit. Von der Kanalstraße biegen wir sofort wieder ab nach links in die **Straße Alt-Niederkassel,** die durch den **alten dörflichen Kern des Dorfes Niederkassel** **8** führt. An ihn erinnern eine Reihe von Fachwerkbauten oder eingeschossige Wohnhäuser, beispielsweise die **Gaststätte Meuser „Im alten Bierhause",** wohl das älteste erhaltene Haus von Niederkassel. Von der Straße aus gibt es immer wieder Einblicke in Innenhöfe, deren Gebäude an landwirtschaftliche Nutzung erinnern.

Die Straße Alt-Niederkassel mündet direkt vor der Auffahrtrampe zur **Theodor-Heuss-Brücke** in die Straße An der Apfelweide, in die wir rechts einbiegen und dann nach wenigen Metern wieder rechts in den **Kaiser-Friedrich-Ring.** Er verläuft auf einem Deich und bietet eine herrliche Aussicht über die Kleingärten und den Rhein auf die Silhouette von Düsseldorf. Von einer Bank in Höhe des Hauses Nr. 94 – die von Architekt Bernhard Pfau 1955 gebaute Villa mit Atelier steht in diesem Bereich als einziges modernes Haus unter Denkmalschutz – ist linker Hand die **Theodor-Heuss-Brücke** mit ihren vier Pylo-

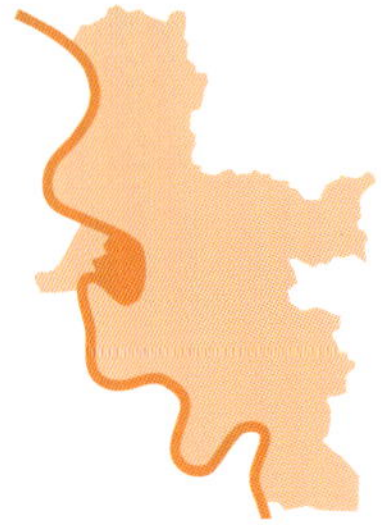

nen sehr gut zu sehen. 1957 eröffnet, ist sie die älteste der Schrägseilbrücken, die übrigens an der Zahl der Pylonen zu erkennen sind: Die Theodor-Heuss-Brücke hat vier, die Rheinkniebrücke zwei und die Oberkasseler Brücke einen.

Auf dem gegenüberliegenden Ufer fallen als Hochhäuser das **Sky-Office** mit dem abgeschrägten Dach sowie weiter rechts der kreisrunde Büroturm der Ergo-Versicherung ins Auge. Der Pylon der Oberkasseler Brücke erhebt sich genau in der Achse des Kaiser-Friedrichs-Rings, dem wir bis zur **Kanalstraße** folgen. Von dieser biegen wir dann links in die **Niederkasseler Straße** ab und kommen links an der Grundschule mit Gebäuden der ehemaligen Niederkasseler Schule vorbei, bevor die Straße in die **Oberkasseler Straße** übergeht. Diese stößt auf die **Luegallee** unweit des Barbarossaplatzes (rechts), unseres Ausgangspunktes.

Wer den typischen, etwas engen Wohnstraßen eines langsam gewachsenen Viertels die Eindrücke von der Weite der Rheinaue vorzieht, biegt nicht in die Kanalstraße ein, sondern bleibt auf dem Kaiser-Friedrich-Ring bis zum Luegplatz und geht dann rechts über die Luegallee zum Barbarossaplatz.

Ein Brunnen mit Wasserspiel macht den Barbarossaplatz lebendig.

9 NORDPARK

Start/Ziel: Haupteingang Nordpark, Kaiserswerther Straße, 40474 Düsseldorf (GPS: 51.257002, 6.755143)
Länge: ca. 6 Kilometer
Dauer: ca. 2 Stunden
ÖPNV: Haltestelle Kaiserswerther Straße/Aquazoo, U-Bahn-Linien U78 und U79, Buslinie 722
Parken: Parkplatz am Haupteingang zum Nordpark, Kaiserswerther Straße, 40474 Düsseldorf

Unterwegs entdeckt:

1 Statue „Rossebändiger"
2 Ballhaus
3 Japanischer Garten
4 Siedlung Golzheim
5 Wassergarten
6 Aquazoo

Essen + Trinken:

Café im Nordpark (neben dem Aquazoo)
Kaiserswerther Straße 390, 40474 Düsseldorf
Tel. 02 11/43 36 34, www.im-nordpark.de
(Ausflugslokal mit großer Außenterrasse)

Restaurant Schnellenburg
Rotterdamer Straße 120, 40474 Düsseldorf
Tel. 02 11/4 38 84 38, www.schnellenburg.de
(Essen mit tollem Blick auf den Rhein)

Vom Ausstellungsgelände zum Park

Der Reiz des Nordparks liegt in dem Kontrast zwischen der geometrischen Ordnung der Wege und Beete einerseits sowie den lebendigen, ungezwungen wirkenden Blumen- und Blütenfeldern, den Landschaftsbildern im japanischen Garten und den lauschigen Sitzecken und bunten Spielplätzen andererseits. Das Hervorheben schöner Naturelemente drängt die Schatten der Entstehung des Nordparks zurück: Er ist aus der Ausstellung „Schaffendes Volk" hervorgegangen, die die Nationalsozialisten im Jahr 1937 veranstalteten. Sie sollte die Errungenschaften der Industrieproduktion, der Gartenbaukunst sowie des Städte- und Wohnungsbaus zeigen. Für diesen Aspekt wurden auch Siedlungen neben dem Ausstellungsgelände errichtet, die heutige Golzheimer Siedlung und die Nordpark-Siedlung.

Start des Rundgangs ist der Haupteingang des Nordparks mit den **Skulpturen „Rossebändiger"** 1 von Edwin Scharff. Wir folgen aber nicht der Eingangsallee, an deren Ende der Aquazoo steht, sondern biegen sofort rechts ab und gelangen zu der 170 Meter langen **Wasserachse,** die durch die Fontänen und deren Wassernebel erfrischend und anregend wirkt. Die Achse wird gefasst durch eine Hecke, vor der noch sechs von ursprünglich zwölf Skulpturen stehen, die Berufsstände symbolisieren – etwa Bauer und Bäuerin, Falkner, Fischerin oder Winzerin. Die Wasserachse läuft auf die große zentrale Wasserfontäne auf einem erhöhten, rechteckigen Platz zu, der von Pergolen gesäumt ist. Rechts neben den Pergolen steht das **Ballhaus.** 2 Sein Name deutet daraufhin, dass die Briten, die den Park nach dem Zweiten Weltkrieg etliche Jahre für ihre Streitkräfte beschlagnahmt hatten, das Haus für Ballspiele nutzten. Heute werden dort des Öfteren Ausstellungen gezeigt.

Ein Abstecher beim Rundgang führt am Ballhaus vorbei zum sogenannten **Tanzring** mit wechselnden Bepflanzungen. Wir umrunden ihn, kehren zurück zur Wasserfontäne

Zur Geschichte des NORDPARKS

Anfang 1934 begann die Planung, an der noch der Deutsche Werkbund beteiligt war, den reformfreudige Künstler, Architekten und Industrielle Anfang des 20. Jahrhunderts gegründet hatten. Aber im November 1934 wurde der Deutsche Werkbund von den Nationalsozialisten verboten bzw. gleichgeschaltet. Die in Auftrag gegebenen Skulpturen wie die „Rossebändiger" am Haupteingang setzten Nationalsozialisten sogar auf die Liste der „entarteten Kunst", weil sie nicht deren Menschenbild entsprachen. Die künstlerischen Leiter der Ausstellung wurden ihres Amtes enthoben.

Für die Ausstellung „Schaffendes Volk" wurde das Areal zwischen dem Rheinufer, dem Reeser Platz, der Stockumer Kirchstraße und der Kaiserswerther Straße mit Ausstellungshallen für Industrieproduktion sowie mit Flächen für die Gartenbaukunst völlig neu gestaltet. Der Kaiserswerther Straße fiel die Rolle der Hauptzufahrtsstraße für Bahnen und Autos zu. Ihre handwerklich kunstvoll verlegten Pflastersteine stehen heute wie der gesamte Nordpark unter Denkmalschutz, weil er der einzige Ausstellungspark aus dieser Zeit ist. Gartenbauhistoriker sehen aber in der Gestaltung des Parks mit den großen Achsen keine Elemente einer original nationalsozialistischen Anlage. Nur als Teil der Ausstellung „Schaffendes Volk" wurde er ideologisch zur Verbreitung eines nationalsozialistischen Menschenbildes genutzt.

Die Rossebändiger betonen den Eingang des Nordparks.

und beschreiten dann nach rechts die große **Blumenachse,** die – von waldähnlichen Baumgruppen begrenzt – zum großen Blumenring mit einer kinetischen Plastik von George Rickey führt. Wir gehen durch das Rondell auf die gegenüberliegende Seite, dann links auf den breiten Weg und rechts zum Eingang des **japanischen Gartens, 3** der einen wunderschönen Einblick in die asiatische Gartenkultur gibt. Die japanische Gemeinde in Düsseldorf – sie ist die zweitgrößte in Europa – schenkte ihrer „Gaststadt" diesen Garten. Er wurde 1975 eröffnet und vereinigt als Ebenbild der großen Natur deren wichtige Elemente, etwa Erhebungen als Symbol für Berge, eine Quelle, einen Wasserfall und einen Teich mit Insel. Große Steine, kunstvoll beschnittene Bäume, Brücken und steinerne Laternen sind weitere Mosaiksteine des Ebenbilds der Natur. (Die einzelnen Elemente sind auf einer Infotafel am Eingang verzeichnet.) Die Weite der Natur im kleinen Garten lässt sich am besten beim Verweilen auf den Stühlen am Teichufer unter Bäumen oder am Wasserfall erfassen.

Der japanische Garten soll ein Ebenbild der großen Natur sein.

Nach dem Rundgang durch den japanischen Garten kehren wir zurück zu seinem Eingang, überqueren die große Wegeachse und nehmen gegenüber einen schmalen Weg, der durch einen **Kakteengarten** führt und auf einem kleinen Platz vor der englischen (anglikanischen) Kirche endet. Von dort gehen wir zum linker Hand gelegenen Ausgang und verlassen den Nordpark für einen Abstecher zur **Golzheimer Siedlung,** **4** der an dieser Stelle später auch wieder endet. Wir überqueren die Rotterdamer Straße – die Verkehrsachse zum heutigen Messegelände und zur Arena – und haben am Rheinufer nach rechts Richtung Norden einen schönen Blick auf die **Rheinauen** mit der **Schnellenburg** im Vordergrund. Das Ausflugslokal entstand aus einer Treidelstation. Dort wurden Pferde

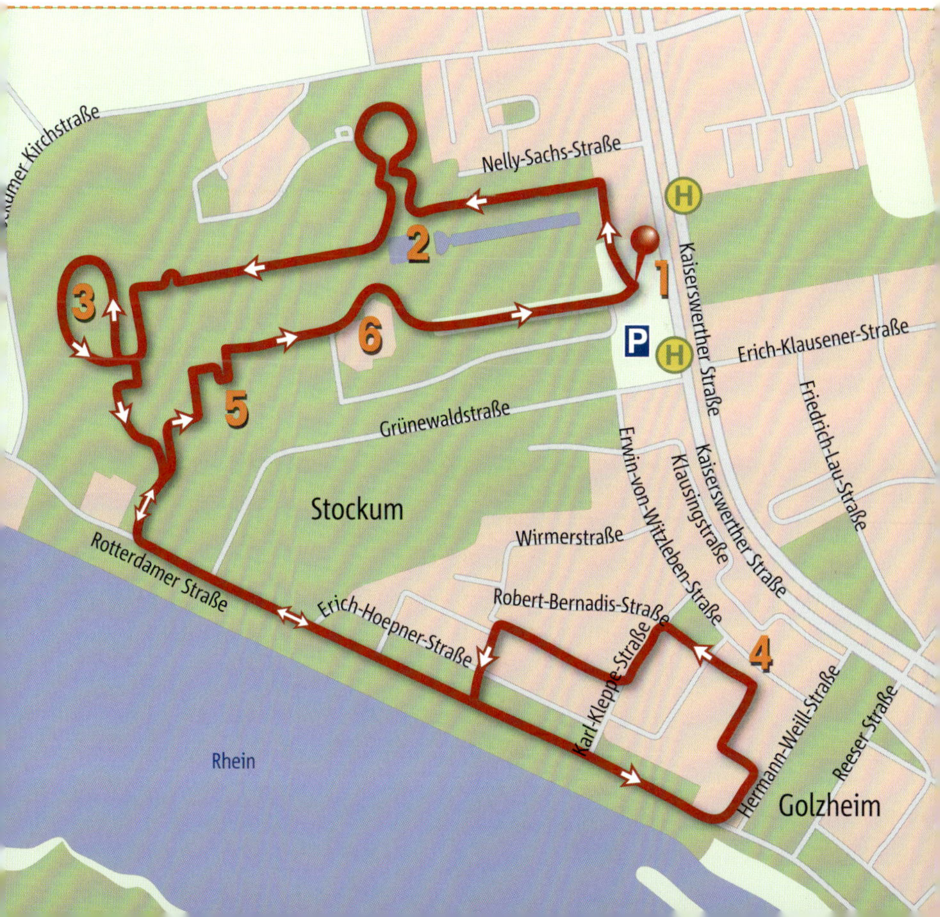

Die Bäume im japanischen Garten sind für ein ausgewogenes Landschaftsbild kunstvoll beschnitten.

Die Wohn- und Atelierhäuser der Siedlung Golzheim sind von großen Grünflächen umgeben.

gepflegt und gehalten, die vor den Zeiten der Dampfmotorschifffahrt auf Pfaden am Ufer die Schiffe stromaufwärts zogen. Dies wird als treideln bezeichnet.

Links Richtung Süden breitet sich die Stadtsilhouette in ihrer ganzen Pracht aus. Mit Blick auf die Stadt geht es am Rhein entlang bis zur **Hermann-Weill-Straße,** die auf der linken Seite in die **Rotterdamer Straße** mündet. Dort betreten wir die Siedlung Golzheim mit ihren Häusern aus den 1930er-Jahren. Charakteristisch sind die niedrigen Häuser mit ihren weiß geschlämmten Mauern, viel Grün, schmalen Straßen ohne Durchgangsverkehr – das alles wirkt idyllisch und macht die Siedlung damals wie heute als Wohnort begehrt. Deshalb wurde sie nach dem Zweiten Weltkrieg weiter ausgebaut mit Häusern, die den Stil der Entstehungszeit beachten.

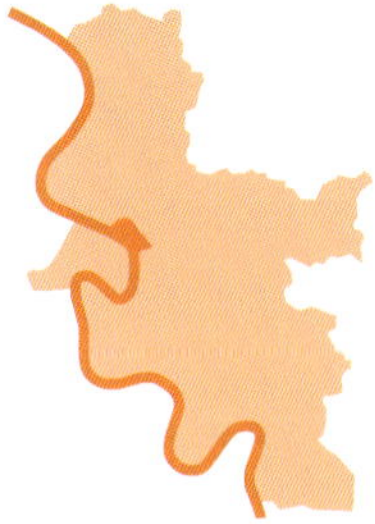

Künstlerhäuser mit integrierten Ateliers liegen an der Franz-Jürgens-Straße, die wir links über die Josef-Knab-Straße erreichen und der wir bis zur Erwin-von-Witzleben-Straße folgen. Links geht es an einem ehemaligen großen Atelierhaus vorbei zu einem kleinen grünen Platz, der damals in der Mustersiedlung einen Dorfanger darstellen sollte. Am Ende des Platzes folgen wir links der Karl-Kleppe-Straße und dann rechts der Leo-Statz-Straße bis zur Einmündung der Paul-von-Hase-Straße. Auf dem Eckgrundstück steht das denkmalgeschützte, schlichte **Atriumhaus,** das der Architekt Hans Schwippert, der als Professor für Baukunst auch Rektor der Staatlichen Kunstakademie Düsseldorf war, baute und bewohnte.

Über die Paul-von-Hase-Straße verlassen wir die Siedlung, um am Rheinufer rechts zurück zum Eingang des Nordparks an der Fußgängerbrücke zu spazieren, und dann weiter im Park geradeaus, bis nach kurzer Strecke rechts ein Weg zum **Wassergarten** **5** mit seinen Pergolen und lauschigen Sitzecken abzweigt. Vom Wasserbecken führt der Rundgang links weiter. Nach wenigen Metern ist rechts von einem Platz aus der **Aquazoo** **6** zu sehen, zu dem wir rechts über einen schmaleren Alleeweg neben einem Wäldchen zulaufen. Die Allee wird durch die drei Meter hohe Stahlskulptur „Mitriss" von Gregor Merten unterbrochen – eines von mehreren modernen Kunstwerken im Nordpark. Am Ende des Wegstücks halten wir uns halb links, lassen das **Café im Nordpark** zwischen den Bäumen links liegen und umrunden den Aquazoo.

Die Skulptur Mitriss gehört zu einer Reihe von Kunstwerken, mit denen ein Skulpturenpark begründet werden sollte.

Vom Aquazoo gehen wir über die breite, von Bäumen gesäumte Hauptachse zu den „Rossebändigern" zurück, an denen sich der Kreis des Rundgangs durch den abwechslungsreichen Park schließt.

Der
AQUAZOO

Lohnenswert ist ein Besuch im Aquazoo, weil er die Schau lebender Wassertiere mit der Präsentation einer bedeutenden naturkundlichen Sammlung kombiniert und damit tiefe Einblicke in die Entstehungsgeschichte der Tierwelt gibt. Grund für die Kombination ist der Doppelursprung des Aquazoos. Er führt erstens die Tradition des 1876 von wissenschaftlich interessierten Bürgern gegründeten und im Zweiten Weltkrieg zerstörten Zoologischen Gartens am Brehmplatz (heute die städtische Grünanlage Zoopark) fort und zeigt zweitens die umfangreiche Sammlung von beispielsweise Mollusken (Meeresweichtieren), Eiern und Insekten, die der Apotheker und Hobbywissenschaftler Theodor Löbbecke anlegte. Diese Sammlung fiel 1904 der Stadt zu und wurde später dem Zoo zugeordnet.

10 KAISERSWERTH

Start/Ziel: Klemensplatz, 40489 Düsseldorf (GPS: 51.300522, 6.739333)
Länge: ca. 4,5 Kilometer
Dauer: ca. 1,5 bis 2 Stunden
ÖPNV: Haltestelle Klemensplatz, U-Bahn-Linie U79
Parken: Parkhaus Klemensviertel, Einfahrt Alte Landstraße, 40489 Düsseldorff

Unterwegs entdeckt:

1 Kaiserswerther Markt
2 Rheintor und Zollhaus
3 Basilika St. Suitbertus
4 Romanisches Haus
5 Kaiserpfalz und Haus Freiheit
6 Kapuzinerkloster
7 Barbarossawall
8 Stammhaus der Diakonie
9 Evangelische Kirche
10 Mutterhaus
11 Klemensviertel

Essen + Trinken:
Gaststätte Einhorn, Kaiserswerther Markt 26, 40489 Düsseldorf, Tel. 02 11/4 08 02 80, www.zumeinhorn-kaiserswerth.de (uriges Lokal hinter denkmalgeschützter Fassade); **Eiscafé Lido,** Kaiserswerther Markt 14, 40489 Düsseldorf, Tel. 02 11/4 05 45 45 (kleiner Eisladen mit Kultstatus); **Schiffchen,** Kaiserswerther Markt 9, Tel. 02 11/40 10 50, www.im-schiffchen.de (exklusives Dreisterne-restaurant); **Galerie Burghof,** Burgallee 1, 40489 Düsseldorf, Tel. 02 11/40 14 23, www.galerie-burghof.de (beliebter Biergarten direkt am Rhein); **Tonhalle,** Klemensplatz 7, 40489 Düsseldorf, Tel. 02 11/4 05 16 59, www.tonhalle-kaiserswerth.de (mit eigener Brauerei)

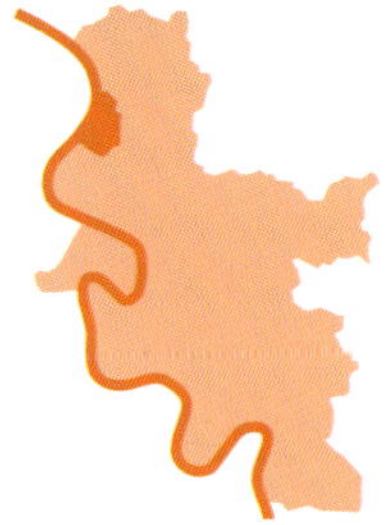

Die kaiserliche Stadt am Rhein

Der Weg vom Klemensplatz ins Zentrum des alten Kaiserswerth führt über eine Brücke und macht das Besondere sinnfällig: Kaiserswerth ist eine Festungsstadt auf einer (ehemaligen) Insel des Rheins. Das zeigt bereits der Name, denn das altdeutsche Wort „Werth" bedeutet Insel, und die war mit der von Kaiser Friedrich Barbarossa erbauten Pfalz direkt am Strom ein Stützpunkt der Herrscher – also eine Insel der Kaiser.

Bevor wir diese Stadt mit langer Tradition vom **Klemensplatz** aus über die Brücke, die den jetzt trockenen ehemaligen Rheinarm überspannt, betreten, können wir auf dem dreieckigen westlichen Klemensplatz die Ausmaße und Gliederung der Festungsstadt Kaiserswerth um 1700 am **Stadtreliefbrunnen** studieren. Die Bedeutung der Brücke als Hauptzugang zum historischen Kaiserswerth wird durch zwei Gedenksteine hervorgehoben, die auf jeder Straßenseite in die Mauer eingelassen sind. Der auf der linken Seite zeigt den kaiserlichen Doppeladler, der rechte Stein trägt eine Inschrift, die an das Ersetzen der alten Holzbrücke durch eine Steinbrücke im Jahr 1759 erinnert. Die neue Brücke gehörte möglicherweise zu einem Wiederaufbauprogramm, da Kaiserswerth im spanischen Erbfolgekrieg 1702 fast vollständig zerstört worden war, nur sechs Häuser sollen unversehrt geblieben sein. Die Belagerung war Folge der machtpolitischen Verhältnisse. Denn Kaiserswerth war Ende des 13. Jahrhunderts von den Kaisern an den Kölner Kurfürsten verpfändet worden und wurde im Kernland des Herzogtums Jülich, Kleve, Berg zu einer kurkölnischen Bastion. Köln hatte sich im spanischen Erbfolgekrieg auf die Seite der Franzosen geschlagen und ihnen Kaiserswerth als Bollwerk überlassen. Dagegen stand Kurfürst Jan Wellem auf deutscher Seite und eroberte mit Truppen aus Holland, England und Brandenburg die Stadt.

Nach dem spanischen Erbfolgekrieg bauten die Kaiserswerther ihre zerstörte Stadt wieder auf.

Von dieser Leid bringenden Epoche ist heute nichts mehr zu spüren. Friedlich und harmonisch liegt die Stadt hinter der

Ausblicke auf die mächtigen Mauern der Kaiserpfalz:
Vom Rhein her auf die Außenfront (links), von der Burgallee her in den Innenbereich mit der Markierung des ehemaligen Bergfrieds im Boden (rechts oben) und vom oberen Stockwerk hinab in den Hof (rechts unten).

Zur Stadtgeschichte
VON KAISERSWERTH

Führende Herrscherfamilien hatten Besitztümer auf der Rheininsel. Der fränkische Hausmeier Pippin der Mittlere und seine Gattin Plektrudis besaßen dort bereits vor 700 n. Chr. einen befestigten Hof. Sie überließen ihn dem Benediktinermönch und späteren Bischof Suitbertus, der dort ein Kloster gründete. Es war Ausgangspunkt für seine Missionsarbeit am Niederrhein und gewann in den folgenden Jahrhunderten an Bedeutung. Aber auch die Kaiser bauten die Insel zu einem Stützpunkt des Reiches aus. Kaiser Heinrich III. errichtete 1045 eine Pfalz. In seine Zeit fiel wahrscheinlich auch die Umwandlung des Klosters in ein Stift mit weltlichen Kanonikern. Die Regeln eines Stiftes waren freier, Kanoniker durften eigenen Besitz und eigene Wohnungen haben. Friedrich Barbarossa vergrößerte 1184 die Pfalz und befestigte sie zum Rhein hin, nachdem er den kaiserlichen Zoll am Rhein nach Kaiserswerth verlegt hatte.

Damit bekam Kaiserswerth auch weiteren Auftrieb als Handelsplatz, der wegen seiner günstigen Lage an einem Rheinübergang – der von Osten kommende Hellweg stieß hier auf eine alte linksrheinische Römerstraße – von jeher eine Rolle auch im Fernhandel spielte. Bereits im 11. und 12. Jahrhundert, als Düsseldorf nur eine kleine Siedlung war und kaum eine Bedeutung besaß, war Kaiserswerth mit dem Stift als geistigem, mit der Pfalz als politischem und dem Markt als wirtschaftlichem Zentrum eine blühende Stadt in den schützenden, aber auch begrenzenden Mauern der befestigten Insel.

Die evangelische Fliednerkirche bildet mit den benachbarten Häusern ein harmonisches Ensemble.

Brücke. Die Hauptstraße Kaiserswerther Markt zieht den Spaziergänger förmlich in den Ortskern hinein bis zur baumbestandenen Mittelinsel der Straße **Kaiserswerther Markt, 1** die wie ein lauschiger Marktplatz wirkt und von Gaststätten als Außenterrasse genutzt wird. Auf der Mitte der Insel stand in alten Zeiten das Kaiserswerther Rathaus, das 1702 zerstört und nicht mehr aufgebaut wurde. Es gab Ersatzbauten, bis schließlich 1891 das Haus Nr. 23 mit Stilelementen der Renaissance als Rathaus errichtet wurde. Zwischen den moderneren Häusern links und der Mittelinsel rechts stehen etliche ältere Bauten, etwa das Nachbargebäude des Rathauses oder gegenüber das **Gasthaus „Zum Einhorn"**, die alte Apotheke mit den geschwun-

Mitten auf dem Marktplatz stand einmal das Rathaus.

genen Barockgiebeln (Ecke Gernandusstraße) oder das Eckhaus an der Straße Am Mühlenturm, dessen Ursprünge auf eine kurkölnische Kaserne zurückgehen. Später waren dort invalide Soldaten mit ihren Familien untergebracht, dann diente es der Diakonie als Heim für gemütskranke Frauen.

Auf dem letzten kurzen Stück der Straße Kaiserswerther Markt ohne Mittelinsel bis zum **Rheintor, 2** das bei Hochwasser geschlossen und abgeriegelt wird, stehen fast nur historische Häuser. Mit seiner Backsteinfassade und den geschwungenen Giebeln fällt das **Gasthaus „Im Schiffchen"** aus dem Jahr 1733 ins Auge. Mit dem „Schiffchen" kontrastieren die beiden benachbarten weiß geschlämmten Barockhäuser, die Wirtschaftsgeschichte erzählen. In ihnen hatten die Unternehmer Preyer und Petersen, die in Kaiserswerth mehrere Jahrzehnte eine Seidenfabrik betrieben, das Kontor der Firma und ihre Wohnungen eingerichtet. Auf der gegenüberliegenden Seite dokumentieren Häuser aus dem 18. und 19. Jahrhundert das damalige Stadtbild, ihre Keller haben Fundamente noch aus romanischer Zeit. Den Abschluss der Häuserzeile bildet direkt neben dem Rheintor noch einmal das ehemalige **Zollhaus. 2** Jedes Schiff musste in Kaiserswerth einen Zoll entrichten. Von einem Türmchen aus, „Luginsland" genannt, beobachtete ein Zöllner den Rhein und rief die Schiffer zum Bezahlen.

Durch das **Rheintor** betreten wir den Deich und haben einen wunderschönen Ausblick auf die niederrheinische Landschaft. Rechts schimmern an der Biegung des Rheins am Horizont Dächer durch das Grün, und eines davon gehört zu einer ehemaligen Treidelstation. Denn vor der Dampf- und Motorschifffahrt wurden die Lastkähne und -segler stromaufwärts von Pferden an Seilen gezogen, die auf schmalen Pfaden am Ufer liefen. Dies wurde „treideln" genannt. Rechts neben dem Rheintor zeigt ein **Relief** von Hannes Esser an der Deichmauer eine Treidelszene.

Wir setzen den Rundgang nach links fort und gehen auf dem Deich mit Blick auf die in der Ferne liegende Autobahnbrücke mit ihrer ungewöhnlichen Konstruktion – die Pylonen

Die Suitbertus-Basilika ist das geistliche Zentrum von Kaiserswerth

Anheimelnd schimmert der Suitbertus-Stiftsplatz in der Dämmerung durch die Bögen der Vorhalle der Suitbertus-Basilika.

Die schmalste Lindenallee Deutschlands ist auf der Bastion Caspar gepflanzt worden.

sind auf die Spitze gestellte Dreiecke – bis zu einer Treppe, die zu einer der Keimzellen von Kaiserswerth hinaufführt: die **Suitbertus-Basilika** 3 auf dem Suitbertus-Stiftsplatz. Halb links liegt die in ihrem Kern aus dem 11. Jahrhundert stammende romanische Kirche vor uns, imponierend durch ihre starken Mauern und die eher sparsam verzierte Fassade. Weniger trutzig wirken die gegenüberliegenden Häuser aus der Barockzeit, die wie fast alle Gebäude am Rande des Platzes von Kanonikern bewohnt und meist im ersten Drittel des 18. Jahrhunderts – nach der verheerenden Zerstörung 1702 – errichtet wurden. Hinter den Torbögen der Anwesen sind malerische Innenhöfe zu sehen. Außergewöhnliches verbirgt sich hinter dem Tor zum Innenhof Stiftsplatz 11, der betreten werden kann: eine Nachbildung der Grotte in Lourdes mit Madonna, die 1908 für das damalige Marienstift gestaltet wurde. An der östlichen Stirnseite liegt hinter einem grünen Rondell mit sieben Bäumen, die die sieben Sakramente symbolisieren sollen, ein ausladendes Haus. Es diente anfangs als Korn- und Zehnthaus, dann als Schule und beheimatet heute das **Kunstarchiv Kaiserswerth,** das als Teil der Stiftung Museum Kunstpalast Werke des Sammlers Volker Kahmen und der Fotokünstler Bernd und Hilla Becher präsentiert.

Beim Umrunden der Kirche ist das etwa 2,50 Meter hohe **Bronzerelief des Künstlers Bert Gerresheim** an der Apsis nicht zu übersehen, das an den Jesuitenpater Friedrich Spee erinnert. Der Theologe – 1591 als Sohn des Kaiserswerther Burgvogts wahrscheinlich im Haus Suitbertus-Stiftsplatz Nr. 11 geboren – sah sich als Beichtvater von angeblichen Hexen, die gefoltert worden waren, mit den Qualen der angeklagten Frauen und den ungerechten Prozessbestimmungen konfrontiert. Er wandte sich in der Schrift „cautio criminalis" gegen die Folter, mit der praktisch jedes Geständnis erpresst werden konnte. Sein Standpunkt brachte ihm viele Feinde ein.

Eine zweite Grünfläche gliedert den nördlichen Teil des Suitbertus-Stiftsplatzes. Seine vier Bäume sind wiederum ein Symbol, diesmal für die vier Evangelien. Wir umrunden die grüne Insel im Uhrzeigersinn und betrachten die Kanonikerhäuser, von denen das sogenannte **Gimborn-Haus** an der Ecke Dauzenbergstraße mit seiner dreiachsigen Giebelseite besonders harmonisch und ansprechend wirkt. Durch das Tor des flachen, weiß geschlämmten Gebäudes – auf dem Giebel über dem Tor ist der hl. Suitbertus dargestellt, erkennbar auch an seinem Attribut, dem sechsstrahligen Stern – gelangen wir mit einem kleinen Abstecher nach links zum **Romanischen Haus** 4 mit seiner getreppten Giebelmauer und den Rundbogenfenstern. Es stammt aus dem 13. Jahrhundert und ist eines der wenigen Wohnhäuser aus der mittelalterlichen Zeit, die im Rheinland noch erhalten sind.

Wieder auf dem Suitbertus-Stiftsplatz sehen wir links neben dem flachen Gebäude ein zweigeschossiges Haus mit Treppengiebel. Es diente ursprünglich als Beinhaus für den Friedhof des Stiftes. Daran angelehnt ist ein kleiner Turm aus Backsteinen mit einem Tor zu der kurzen Stiftsgasse, die zur Straße An St. Swidbert führt und in deren Einmündungsbereich noch etliche Kanonikerhäuser liegen. Der Turm markierte damals die Grenze des Stiftsbereichs. Gegenüber der Einmündung der Stiftsgasse liegt eines der schönsten Kanonikerhäuser, das **Maeshaus,** das einen weiteren Abstecher lohnt.

Ein Backsteinturm weist auf die Grenze des eigenständigen Stiftsbereichs hin.

Die Route führt aber in die andere Richtung wieder zum Rheindeich. Vor dem Verlassen des Suitbertus-Stiftsplatzes ist ein Besuch der Basilika zu empfehlen. Wir betreten sie über die Paradies genannte Vorhalle mit dem Haupteingang und erleben die Schönheit der spätromanischen Architektur rheinischer Prägung. Die beiden Kapellen neben dem Hochaltar sind besonders sehenswert. Die Kirche birgt viele Kunstwerke, allen voran den mit Figuren und Zierart geschmückten Goldschrein mit den Gebeinen des hl. Suitbertus, der jedes Jahr mit einer Prozession verehrt wird.

Auf dem Deich angekommen, geht es links zur nahen **Kaiserpfalz.** 5 Auf der Lindenallee gehen wir an der auch noch als Ruine imposant wirkenden Burganlage vorbei. Sie hatte die Belagerung 1702 überstanden, war aber anschließend von den Siegern gesprengt worden, um die Festung zu

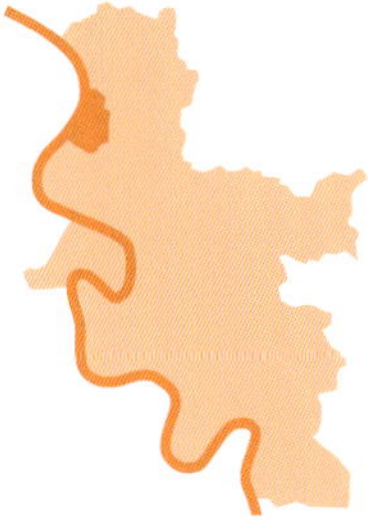

schwächen. Wir sehen Reste des Klever Turms im Norden, die Mauern mit den Rundbögen des Palas, vor denen ein Steinquadrat im Boden den ehemaligen Bergfried markiert, sowie den Turmblock mit den röhrenartigen Resten einer Zisterne. Die Anlage ist in den Sommermonaten geöffnet, beim Erkunden geben Hinweistafeln Informationen zur Aufteilung der Pfalz. Der Eingang liegt direkt am Zugang zum **Restaurant Galerie Burghof** mit Biergarten an der Burgallee. Wir passieren den Burghof zum benachbarten **Haus Freiheit** (Burgallee 4), in dem der Schriftsteller und Dramaturg Herbert Eulenberg und seine Frau Hedda wohnten. Er arbeitete ab 1904 für das Düsseldorfer Schauspielhaus. Bekannt waren die sonntäglichen Morgenfeiern, die er gestaltete. Die Eulenbergs machten Haus Freiheit zu einem Treffpunkt herausragender Künstler wie etwa Thomas Mann, Franz Werfel, Richard Strauss, Otto Dix oder Carl Zuckmayer.

Haus Freiheit liegt direkt vor den Rheinauen am südlichen Ende der Festungsstadt Kaiserswerth, auf der südwestlichen der fünf Bastionen des Bollwerks. Ihre Bezeichnungen verdeutlichen die Beziehung zu Kurköln, denn drei von ihnen sind nach den heiligen drei Königen Caspar, Melchior und

Haus Eulenberg hinter dem hübschen Gittertor wirkt freundlich und einladend.

Balthasar benannt, die restlichen tragen die Namen St. Suitbertus sowie St. Maximilian. Die meisten Bastionen werden wir auf dem weiteren Rundgang kennenlernen, für den wir einige Meter zurück bis zu einem kleinen Weg hinter der Parkplatzauffahrt zurückgehen. Diesem Weg folgen wir nach rechts bis zur Straße An St. Swidbert, in die wir am Eckhaus vorbei, dem ehemaligen Spritzenhaus der Kaiserswerther Feuerwehr, nach links einbiegen. Die eher kleinteilige Bebauung mit Häusern aus unterschiedlichen Epochen wird unterbrochen durch das ehemalige, 1673 eröffnete **Kapuzinerkloster** **6** (Nr. 53). Die einzigen Schmuckelemente der Fassade, die beispielhaft ist für die Backsteinbauweise der flämisch-niederländischen Kapuzinerkirchen, sind über dem Haupteingang das Wappen des Erzbischofs Maximilian, der das Grundstück spendete, sowie des hl. Franz von Assisi. 1923 wurde in dem Kloster das heutige Suitbertus-Gymnasium als weiterführende Mädchenschule eingerichtet.

Bevor wir rechts in die Stockhausgasse einbiegen, um die Tour auf den Wallanlagen fortzusetzen, werfen wir noch einen Blick auf das ein paar Meter entfernt liegende großzü-

Am Suitbertus-Stiftsplatz liegen Kanonikerhäuser mit großen Innenhöfen. Im Hintergrund ist das Dachtürmchen des Kapuzinerklosters zu sehen.

gige Barockhaus (Nr. 45) mit dem auffallenden Torbogen. Das Wohnhaus war einmal die Poststation von Kaiserswerth.

Am Ende der kurzen Stockhausgasse geht es halb rechts auf einem Fußweg hinauf auf den **Barbarossawall.** 7 Heute ist das ehemalige Bollwerk der Festung ein Naturerlebnis, weil auf ihm eine der schmalsten Lindenalleen Deutschlands verläuft. Wegen der Enge sind die Bäume versetzt gepflanzt. Die Allee macht scharfe Biegungen, weil sie dem Verlauf der Bastion Caspar folgt, und bietet Ausblicke in die etwas wild wirkende Vegetation der ehemaligen Festungsgräben. Die Allee geht in die Straße Barbarossawall über, die in die Friedrich-von-Spee-Straße an einem Eckhaus mündet, das noch aus der Zeit der ursprünglichen Bebauung dieser Straße um 1780 stammt. Wir biegen rechts in die Friedrich-von-Spee-Straße und gelangen wieder an die Straße Kaiserswerther Markt.

Die Bastion Caspar bietet heute ein Naturerlebnis.

Auf der gegenüberliegenden Straßenseite halb links dominieren – flankiert von kleineren Häusern mit geschwungenen Giebelwänden – die ausladenden Gebäude des Stammhauses der **Kaiserswerther Diakonie,** 8 die der evangelische Pfarrer Theodor Fliedner, ein großer Sozialreformer und eine prägende Persönlichkeit von Kaiserswerth, im ersten Drittel des 19. Jahrhunderts gründete. Angesichts der Not und Verelendung armer und kranker Menschen und aus dem Wissen heraus, dass viele unverheiratete bürgerliche Frauen arm und verachtet waren, schuf er zusammen mit seiner ersten Frau Friederike ein beispielhaftes Pflege- und Ausbildungszentrum, in dem die Grundlagen für ein modernes Krankenhauswesen entwickelt wurden: vorbildliche Versorgung der Kranken und gute Ausbildung von Krankenpflegeschwestern. Das Besondere an Fliedners Idee war, für die Versorgung von Armen und Kranken unverheiratete bürgerliche Frauen zu gewinnen, die als sogenannte Diakonissen in der Krankenpflege ihren Lebensunterhalt verdienten und zudem in der Gemeinschaft der Diakonissen ein Zuhause fanden. Damit waren sie auch als unverheiratete Frauen gesellschaftlich anerkannt. Ihr guter Status war an ihrer Berufskleidung abzulesen: Die Haube und die grauen Kleider entsprachen der Tracht einer verheirateten Bürgersfrau.

Vor dem Stammhaus, das Fliedner Mitte des 19. Jahrhunderts als Zentrum der Kaiserswerther Diakonie errichtete, biegen wir rechts in die Fliednerstraße ab, die nach kurzer Strecke rechtwinklig nach links abbiegt. Von dem Knick aus sehen wir rechts die neobarocke Fliednerschule, die auf dem Areal der Bastion St. Suitbertus als Ausbildungsstätte der Diakonissen 1912 eröffnet wurde und in der heute eine Grundschule sowie das Museum Kaiserswerth untergebracht sind. Die Keimzelle der Kaiserswerther Diakonie – die **evangelische Stadtkirche 9** mit ihren Rundbogenfenstern und dem Dachreiterturm (1811 gebaut, 1929 erweitert) zwischen dem ehemaligen evangelischen Pfarrhaus sowie Wohn- und ersten von Fliedner eingerichteten Verwaltungsgebäuden – prägt als Ensemble die rechte Seite der Fliednerstraße. Es ist durch die Außentreppen zu den Eingängen und die Torbögen, hinter denen ruhige Innenhöfe liegen, harmonisch gegliedert.

Hinter der Mauer auf der linken Seite liegt der idyllische Garten des Stammhauses, das heute ein Alten- und Pflegeheim ist. Prägnanter Punkt des Stammhauskomplexes ist die Kirche, die im ersten Stock der Gebäude liegt und deren hoch aufragender Turm durch die schmale Gernandusstraße zu sehen ist. Am Ende der Fliednerstraße erhebt sich halb rechts auf der **Bastion St. Maximilian** der Turm der alten Mühle.

Von dort führt links die Straße Am Mühlenturm zurück zur Straße Kaiserswerther Markt. Auffallend ist die Mischung von Häusern verschiedener Epochen, von denen das kleinste und sehr bescheiden wirkende Haus Nr. 8, die ehemalige Kaplanei, historisch gesehen am bedeutendsten ist, weil es die Zerstörung 1702 überdauert hat.

Über die Straße Kaiserswerther Markt gehen wir links zurück zum Klemensplatz, beachten noch einmal das beherrschende Stammhaus, das trotz seiner Größe für die Aufgaben der Kaiserswerther Diakonie zu klein wurde. Deshalb wurde Ende des 19. Jahrhunderts ein neues Zentrum östlich des Klemensplatzes an der Alten Landstraße errichtet, zu dem

Die Kirche des Diakonie-Stammhauses liegt im ersten Stock.

der weitere Rundgang führt. Wir überqueren die Arnheimer Straße zur östlichen Seite des Klemensplatzes, betreten direkt rechts neben der **Gaststätte Tonhalle** den Kaiserswerther Friedhof und kommen an den Gräbern für Soldaten aus dem Ersten Weltkrieg vorbei, die trotz der Pflege ihren Verwundungen in Kaiserswerth erlegen waren, sowie an dem alten evangelischen Gemeindefriedhof mit den Gräbern der Diakonissen, die in Reihen nach Osten ausgerichtet und jeweils mit einer Rose geschmückt sind. Nach rechts geht es auf die Schleifergasse und auf ihr nach links zur Alten Landstraße, an der das weitläufige neue Zentrum der Diakonie liegt. Gegenüber der Einmündung der Schleifergasse öffnet sich ein Park zwischen dem historischen Torhaus (1885) und der Diakonie-Buchhandlung, der zum **Mutterhaus** **10** (1903 eröffnet) führt. Es ist ein gutes Beispiel für die neobarocke und neogotische Ziegelsteinarchitektur der gesamten Diakonie-Zentrale, die den Kranken- und Pflegeheimbau des ausgehenden 19. Jahrhunderts dokumentiert. Einen Eindruck von der weitläufigen Anlage mit mehreren Schulungs- und Verwaltungsbauten bekommen wir auf dem weiteren Rundgang, der nach links über die Alte Landstraße und dann wieder links über die Zufahrt zur Tiefgarage führt. Wir gehen rechts neben der Einfahrt vorbei und gelangen zum **Klemensviertel,** **11** das in den 1980er-Jahren als Geschäftszentrum am östlichen Klemensplatz gestaltet wurde und einen völlig anderen Stil als das alte Kaiserswerth hat. Die Häuser rund um den Platz sollen eine dörfliche, zumindest kleinstädtische Atmosphäre vermitteln.

Ein zentraler Punkt des Klemensviertels ist der von Benno Werth gestaltete **Zeitturm** mit verschiedenen Chronometern – einer großen Analoguhr, einer Digitaluhr, einer Wasseruhr und einer Kugeluhr – sowie mit einem Glockenspiel. Stadtplaner sehen in dem Viertel am Klemensplatz, auf dem der Rundgang endet, einen Kristallisationspunkt der neuen Wohnviertel außerhalb des historischen Kaiserswerths.

Im Mutterhaus der Diakonie Kaiserswerth ist das Pflegemuseum untergebracht.

Kaisers WERTHER MUSEEN

Die Besonderheiten von Kaiserswerth werden in mehreren Museen gezeigt.

KUNSTARCHIV KAISERSWERTH, Suitbertus-Stiftsplatz 1, Sammlung Kahmen und Werke von Bernd und Hilla Becher, www.smkp.de/sammlungen/forschung-dokumentation/kunstarchiv-kaiserswerth, geöffnet Mittwoch 16 bis 19 Uhr, Sonntag 14 bis 17 Uhr

MUSEUM KAISERSWERTH, Fliednerstraße 32, zeigt die Geschichte von Kaiserswerth und Sonderausstellungen, www.museum-kaiserswerth.de, geöffnet Samstag 14 bis 18 Uhr, Sonntag 11 bis 13 und 14 bis 18 Uhr, in der Winterzeit schließt das Museum um 17 Uhr

PFLEGEMUSEUM KAISERSWERTH, Zeppenheimer Weg 20, www.fliedner-kulturstiftung.de, informiert über die Entwicklung der Krankenpflege allgemein und über das Werk Theodor Fliedners und der Kaiserswerther Diakonie im Besonderen, geöffnet Dienstag und Mittwoch von 9.30 Uhr bis 16.30 Uhr

KAISERPFALZ (FREILICHTMUSEUM), Burgallee, geöffnet Karfreitag bis zum 31. Oktober täglich von 9 bis 18 Uhr, Eingang neben Galerie Burghof, www.kaiserpfalz-kaiserswerth.de

11 BENRATH UND URDENBACH

Start/Ziel: Pfarrkirche St. Cäcilia, Hauptstraße 12, 40597 Düsseldorf (GPS: 51.163206, 6.874462)
Länge: ca. 6 Kilometer
Dauer: ca. 2 bis 2,5 Stunden
ÖPNV: Haltestelle Urdenbacher Allee, U-Bahn-Linien U71, U74 und U83; von dort über die Fußgängerzone Hauptstraße zur Kirche St. Cäcilia
Parken: Parkhaus Cäcilienstraße, Cäcilienstraße 26, 40597 Düsseldorf; von dort links über Börchemstraße und Fußgängerzone Hauptstraße zur Kirche St. Cäcilia. Entgeltfreies Parken ist auf dem Wanderparkplatz „Piels Loch" in Urdenbach möglich (Baumberger Weg, 40593 Düsseldorf), der Rundgang kann dann etwa auf halber Strecke begonnen werden.

Unterwegs entdeckt:

1 Kirche St. Cäcilia
2 Schloss Benrath
3 Reitbahn
4 Rheinkopf
5 Gerichtsgebäude
6 Evangelische Kirche Urdenbach
7 Brunnentürmchen
8 „Zur schönen Aussicht"
9 Orangerie

Essen + Trinken:
Griechische Taverna Preuß, Urdenbacher Dorfstraße 28, 40593 Düsseldorf, Tel. 02 11/98 47 73 55 (mediterrane Küche); **Jägerhof,** Urdenbacher Dorfstraße 22, 40593 Düsseldorf, Tel. 02 11/71 59 16, www.jaegerhof-urdenbach.de (Biergarten, konventionelle Küche); **Altes Fischerhaus,** Am Alten Rhein 83, 40593 Düsseldorf, Tel. 02 11/71 45 97, www.altes-fischerhaus.de (feine Küche mit mediterranem Touch, Sommerterrasse); **Rheinterrasse Benrath,** Benrather Schlossufer 39, 40597 Düsseldorf, Tel. 02 11/99 69 90, www.rheinterrassebenrath.de (herrlicher Panoramablick auf den Rhein); **Café am Schloss,** Benrather Schlossallee 108, 40597 Düsseldorf, Tel. 02 11/26 17 92 48, www.schloss-benrath.de/besuchen/schlosscafe-benrath (traditionelles Café direkt am Schloss)

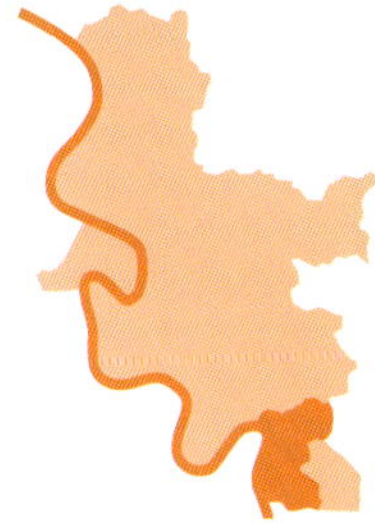

Fürstliches Wohnen neben Fachwerkidylle

Sie liegen eng beieinander, können aber kaum unterschiedlicher sein: das prächtige Schloss Benrath mit seinem abwechslungsreichen Park – ein Gesamtkunstwerk der Barockzeit – und das ehemalige eigenständige Dorf Urdenbach mit seinen alten Fachwerkhäusern. Einst weit vor den Toren von Düsseldorf gelegen und erst 1929 eingemeindet, geben die beiden Orte Einblicke in den Lebensstil von Fürsten einerseits und Bauern, Fischern und Handwerkern in alten Zeiten anderseits und bereichern so die heutige Stadt.

Mitten in der Fußgängerzone von Benrath an der **Hauptstraße/Benrather Marktplatz** liegt der Startpunkt des Rundgangs: die Kirche **St. Cäcilia.** 1 Der durchschnittliche und nach gängigem Muster gestaltete Ortskern zeigt, dass Benrath kaum besondere Verbindungen zum prächtigen Schloss besaß. Bis auf eine Ausnahme: Die **schwarze Madonna,** die in der Taufkapelle von St. Cäcilia steht, wurde bereits 1677 von Pfalzgraf Philipp Wilhelm und seiner Frau Elisabeth Amalie gestiftet. Der Legende nach soll dem Fürstenpaar, das sich des Öfteren im Jagdschloss Benrath aufhielt, die Mutter Gottes in einem Baum erschienen sein und den Wunsch nach einem Ort der Verehrung für sie geäußert haben. Daraufhin ließen die Herrscher eine Madonna schnitzen und für dieses Bildnis eine Kapelle bauen, die bald zum Wallfahrtsort wurde. Nach dem Abriss der Kapelle wurde die Madonnenstatue in die neue, 1903 gebaute Pfarrkirche überführt. Noch heute gibt es im Marienmonat Oktober Wallfahrten zur Madonna.

Die schwarze Madonna machte Benrath zu einem Wallfahrtsort.

Von der Kirche aus geht es über Marktplatz und Sistenichstraße weiter Richtung **Schloss Benrath.** 2 Am Ende der Straße öffnet sich der Blick auf das Barockschloss mit dem Weiher. Wir biegen nach links ab und nehmen dann den ersten Übergang über die **Benrather Schlossallee** zum linken Seitenflügel des Schlosses, in dem in einem **Gartenmuseum** europäische Gartenkunst präsentiert und zudem die Historie

Der Schlossweiher passt sich dem Schwung des Flügels von Schloss Benrath an.

Vor der Orangerie von Schloss Benrath liegt der kunstvoll angelegte Parterregarten.

des Schlossparks erzählt wird. Von dort geht es weiter zum **Haupthaus des Schlosses** mit der großen Treppe samt Kutschenauffahrt.

Schloss Benrath aus der Zeit des ausgehenden Barock wurde als **ländliches Lustschloss,** als „maison de plaisance", konzipiert und ist zusammen mit dem Garten als Gesamtkunstwerk zu werten, bei dem sich die Architektur mit der Raumaufteilung im Inneren und die Gliederung des Parks entsprechen. Nicolas de Pigage hat im Auftrag von Kurfürst Carl Theodor mit dem 1773 fertiggestellten Fürstensitz eine kulturelle Perle von europäischem Rang geschaffen. Er bettete das Schloss in die Natur ein. Die Treppen und Terrassen bilden Übergänge sowohl zum Haus als auch zum Park. Räume im Inneren und Teile des Gartens sind einander zugeordnet, beispielsweise der **Spiegelsaal,** das Zentrum des Schlosses, dem **Spiegelweiher** im Park und die Privatgemächer des Fürsten und der Fürstin den kleinen Privatgärten neben dem Haupthaus.

Das „maison de plaisance" hat ein baufällig gewordenes Jagdschloss ersetzt, das die Herrscher schon ab 1651 er-

richten ließen und von dem nur noch der nördliche, als **Orangerie** genutzte Schlossflügel sowie ein Treppenturm – Kapelle genannt – erhalten sind. Die Gartenanlagen des alten Schlosses nahm Nicolas de Pigage in sein Konzept des **Schlossparks** auf. Er gliedert sich in drei große Bereiche: zum einen die Gärten rund um das Schloss aus dem 18. Jahrhundert, die an den Fächeralleen mit den gestutzten, stark in Form geschnittenen Linden enden. Sie sind das Scharnier zum restlichen Park, der wiederum durch den lang gestreckten Spiegelweiher in zwei Bereiche getrennt wird: in einen östlichen Teil im französischen Stil vor dem alten Jagdschloss (Orangerie) und einen westlichen, waldigen Teil, das **Bosquet.**

Das Bosquet im Schlosspark steht unter Naturschutz.

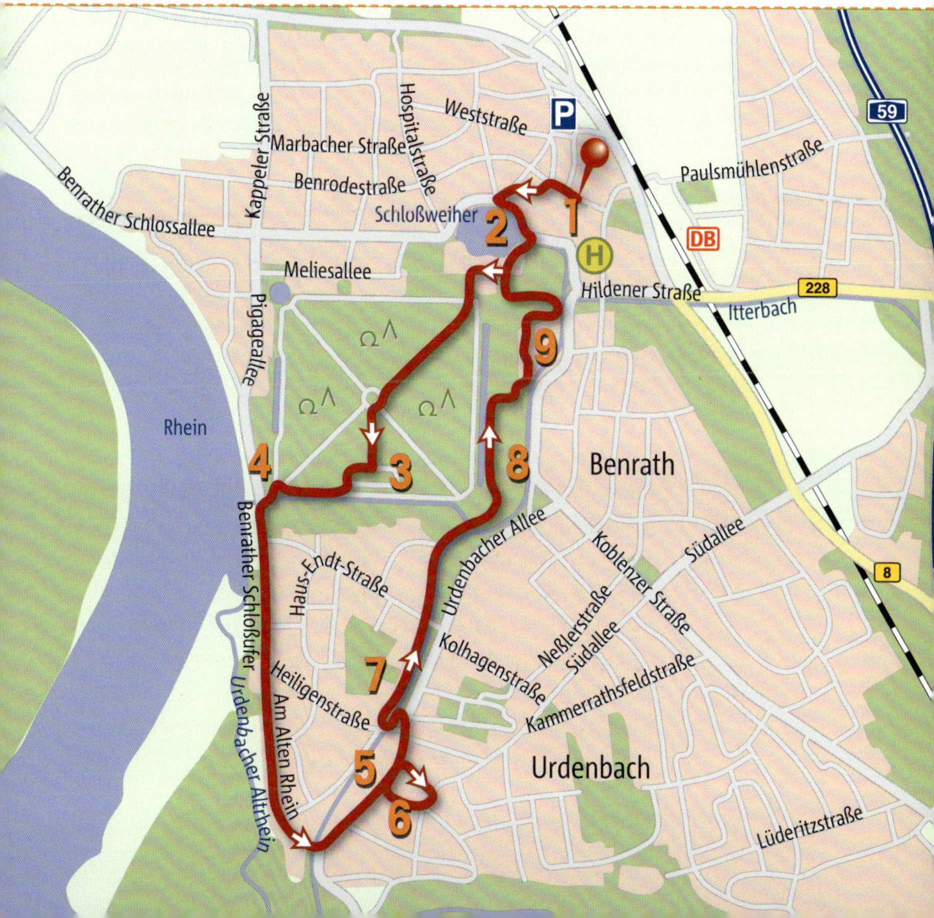

Nach dem Flanieren zwischen dem Schlossweiher und dem Hauptgebäude des „maison de plaisance" mit der Freitreppe begeben wir uns links direkt hinter dem Haupthaus in den **Schlosspark,** überqueren die Fächerallee und nehmen die halb rechte, schräg diagonal verlaufende, schnurgerade Hauptallee durch das Bosquet. Die Alleebäume kontrastieren mit den unberührten Waldparzellen, die unter Naturschutz stehen und daher möglichst sich selbst überlassen sein sollen. Sie mündet in ein kleines Rondell, den sogenannten **Jagdstern,** auf das die acht Alleen strahlenförmig zulaufen. Wir gehen im Uhrzeigersinn über den Jagdstern und nehmen die dritte Abzweigung in die Allee zum Hippodrom, einer lang gezogenen, von fächerartig geschnittenen Bäumen umgrenzten Wegebahn. Sie hat einmal als **Reit- und Rennbahn** **3** gedient. Nach rechts geht es auf der Bahn in die Rundung am Kopf des Hippodroms und dann über die zweite Wegabzweigung durch den unberührten Wald zum Ausgang des Parks am sogenannten **Rheinkopf,** **4** von dessen Brücke aus ein weiter Ausblick auf die Rheinaue bis hin zum Rheinturm am Medienhafen in der Altstadt (halb rechts am Horizont) möglich ist.

Wir verlassen den Schlosspark und setzen unseren Spaziergang nach links auf der Straße **Benrather Schlossufer** am Rhein entlang fort in das Dorf **Urdenbach.** Schon bald macht der Rhein einen weiten Bogen nach rechts, und direkt am Benrather Schlossufer tut sich eine baumbestandene Auenlandschaft mit einem kleinen Fluss auf – dem **Urdenbacher Altrhein.** Er ist Zeugnis einer gewaltigen geografischen Veränderung, denn im Bett des Altrheins floss ursprünglich der große Rheinstrom. Er grub sich im Zuge einer kaum vorstellbaren Hochwasserkatastrophe im Jahr 1374 ein neues, sein heutiges Bett (siehe Route 12, Seite 157).

Das Benrather Schlossufer, das in die Straße Am Alten Rhein übergeht, führt geradewegs in das **alte Zentrum von Urdenbach,** das mit großbürgerlichen Villen, mit Bauernhöfen und Fachwerkbauten den Werdegang eines Dorfes am Rhein spürbar werden lässt. Wir passieren zuerst das **Res-**

Das Gerichtsgebäude in Urdenbach ist eines der ältesten Häuser in ganz Düsseldorf.

taurant „Altes Fischerhaus", dessen Gebäude (um 1900) ein älteres Fischerhaus miteinbezieht. Dann kündigt sich der Ortskern von Urdenbach durch die dichtere Bebauung mit kleinen Bauernhäusern, mit repräsentativen Bürgerhäusern und Hofanlagen an. Dazu gehört die spätklassizistische **Villa „Haus Drängenburg"** (Am Alten Rhein 8), in der Louise Dumont und Gustav Lindemann, die Gründer des Düsseldorfer Schauspielhauses, einige Zeit lebten. Bevor wir nach links in die Urdenbacher Dorfstraße einbiegen, machen wir einen kurzen Abstecher nach rechts in die **Stichstraße Auf dem Ufer** und werfen durch den Torbogen einen Blick auf die **Hofanlage Strohm'sches Haus**, die im 18. Jahrhundert auch Sägewerk und Floßbetrieb war und die Wirtschaftsgeschichte von Urdenbach dokumentiert.

Die **Urdenbacher Dorfstraße** versammelt eine Reihe von alten, historisch bedeutsamen Häusern, allen voran das **Gerichtsgebäude 5** (Nr. 46) aus dem Jahr 1535, eines der ältesten erhaltenen Häuser von ganz Düsseldorf. Urdenbach besaß wegen seines Handels mit Holland ein eigenes Gericht. Auf der anderen Straßenseite fällt in der Reihe von historischen Gebäuden die **evangelische Kirche 6** auf. Mit der durch die großen Fenster gegliederten Fassade und dem Turm auf dem Walmdach drückt die 1693 geweihte Kirche das Selbstbewusstsein der reformierten Gemeinde (der ältesten auf heutigem Düsseldorfer Stadtgebiet) aus, die mit dem Neubau ein altes Bethaus ersetzte.

Der Reiz eines weitgehend unverfälscht oder behutsam ergänzten Fachwerkhausdorfes ist bei einer Runde um den Wohnblock zu erleben: nach der Kirche rechts über **die Straße Jägerei,** wieder rechts über die **Bücherstraße** und wiederum rechts über die **Hochstraße** zurück zur **Urdenbacher Dorfstraße.** Wir setzen den Rundgang fort, noch einmal an der Kirche vorbei, biegen ein kurzes Stück weiter links zur **Angerstraße** ab und überqueren die **Alte Itter.** Ein paar Schritte

Die Kirche der reformierten evangelischen Gemeinde stammt aus dem 17. Jahrhundert.

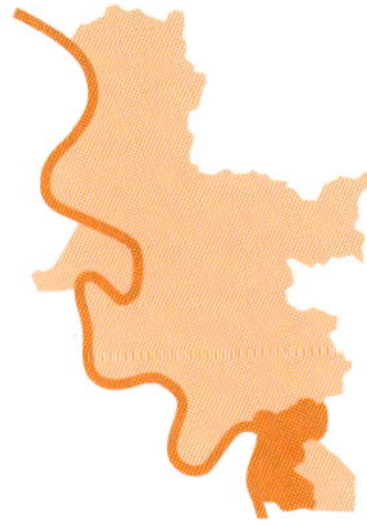

links von der Brücke entfernt steht gegenüber dem Haus Angerstraße 67 ein rundes **Brunnentürmchen** 7 aus der Zeit um 1800, aus dem Trinkwasser geschöpft wurde. Es ist das einzige erhaltene Brunnenbauwerk dieser Art in Düsseldorf. An der Wand eines der Häuser sind die Höchstwasserstände eingezeichnet, auch die Marke der katastrophalen Überschwemmung 1374. Wir gehen die wenigen Schritte zurück zur Brücke und dann entlang der Itter die Angerstraße weiter, durch deren Bäume am Ufer die neuromanische, katholische **Herz-Jesu-Kirche** schimmert. Dann überqueren wir die **Haus-Endt-Straße,** gelangen auf dem **Wanderweg D** durch die Wiese und über eine Brücke über die Itter wieder in den **Benrather Schlosspark** und haben beim Eintritt einen herrlichen Blick über den schmalen Spiegelweiher auf die Gartenfront des Schlossgebäudes. Diesen Aussichtspunkt legte Gartenplaner Nicolas de Pigage als Gegenpol zum Lustschloss ganz bewusst an; er wurde Kurtzweil oder **„Zur schönen Aussicht"** 8 genannt. Auf der Wegeachse rechts neben dem Spiegelweiher flanieren wir, bis rechts eine Treppe zur ehemaligen **Orangerie** 9 und in den östlichen Teil des Parks führt. Beim Blick zurück blitzt auf der anderen Seite des Spiegelweihers im Bosquet die Wasseroberfläche eines trompetenförmigen, Trompet genannten Teichs auf, der der Regulierung der Wasserstände dient.

Der Aussichtspunkt „Kurtzweil" bietet einen schönen Blick auf das Schloss.

Nachdem wir das Orangeriegebäude umrundet haben, gelangen wir in den Parterregarten mit den kunstvoll hergerichteten Beeten, durchschreiten ihn und halten uns nach dem Verlassen rechts, um den Küchengarten zu durchqueren, in dem wie einst für die Schlossbewohner Kräuter und Gemüse angebaut werden. Danach biegen wir links ab zur Fächerallee. Die erste Abzweigung rechts führt zum Privatgarten der Fürstin, der im französischen Stil angelegt ist. Von dort spazieren wir zurück zum Schloss und dann am Schlossweiher vorbei zurück zum Ausgangspunkt – nicht ohne einen Abschiedsblick auf das prächtige „maison de plaisance" geworfen zu haben.

12 URDENBACHER KÄMPE

Start/Ziel: Wanderparkplatz Piels Loch, Baumberger Weg, 40593 Düsseldorf (GPS: 51.144824, 6.865680)
Länge: Gesamtrunde ca. 11 Kilometer, bis Haus Bürgel und zurück ca. 7 Kilometer
Dauer: Gesamtrunde ca. 3,5 Stunden, bis Haus Bürgel ca. 2 Stunden
ÖPNV: Haltestelle Mühlenteich, Buslinie 788
Parken: Wanderparkplatz „Piels Loch", Baumberger Weg, 40593 Düsseldorf

Unterwegs entdeckt:

1 Auenwald
2 Fähre Zons
3 Haus Bürgel
4 Altrhein
5 Streuobstwiesen

Essen + Trinken:

Haus Ausleger an der Anlegestelle der Fähre nach Zons
Am Ausleger 4, 40593 Düsseldorf, Tel. 02 11/ 7 18 34 24
www.hausausleger.de (beliebtes Ausflugslokal)
Extratour zum Alten Rhein
Drängenburger Straße 4, 40593 Düsseldorf
Tel. 02 11/72 13 45 66
www.extratour-urdenbach.de
(schöner Ausblick ins Grüne)

Leben mit den Rheinfluten

Erdgeschichtlich gesehen ist die Entstehung der Urdenbacher Kämpe – wenn überhaupt – nur eine Fußnote, aber ungeahnte Naturgewalten haben im 14. Jahrhundert diesen Flecken Landschaft erst entstehen lassen. Bei einem äußerst extremen Hochwasser durchbrach der Rhein die Engstelle einer Flussschlinge bei Urdenbach und schuf sich ein fast gerades Bett. Haus Bürgel, vorher linksrheinisch nahe am Wasser gelegen, befand sich nun rechtsrheinisch. Der vorherige, gewundene Verlauf des Stroms ist am Urdenbacher Altrhein entlang der Bebauungskanten von Urdenbach, Garath und Monheim/Baumberg noch gut nachzuvollziehen. Bei steigendem Pegel strömt Wasser des Rheins in die Rinnen des Altrheins, und die Wiesen werden regelmäßig überschwemmt. So entwickelte sich über die Jahrhunderte hinweg eine Auenlandschaft mit Feuchtwiesen, Kopfweiden, Auenwäldern und Obstbäumen, die einzigartig und überregional bedeutend ist. Deshalb wurde sie auch in das europäische Schutzgebietssystem Natura 2000 aufgenommen. Die Wanderung auf der Route entschleunigt, weil die Natur weitläufig ist, sich die Landschaftsbilder nur allmählich ändern und in Ruhe und mit Bedacht aufgesogen werden können.

Die Schönheit der typischen **niederrheinischen Auenlandschaft,** die auf zahlreichen ausführlichen und bebilderten Informationstafeln an der Route erläutert wird, entfaltet sich direkt beim Beginn der Tour an der Einmündung des **Ortwegs** am **Baumberger Weg** gegenüber dem Parkplatz. Wir benutzen den Fußweg zwischen der geteerten Fahrbahn und den Wiesen mit locker verstreut stehenden Erlen, Eschen, Silberpappeln – den typischen Auenbäumen. Nicht zu vergessen die Kopfweiden, deren Zweige und Äste seit Jahrhunderten ein gefragter Rohstoff für Stiele, Bohnenstangen, Körbe und anderes Flechtwerk waren. An den Schnittkanten trieben die Weiden wieder aus, bekamen so breite Köpfe und die typische Gestalt der **Kopfweide.** Der **Auenwald** 1 ändert seine Farbe je nach Jahreszeit. Auf den Wiesen blüht im Frühjahr das gelbe Scharbockskraut

Die Kopfweiden werden regelmäßig geschneitelt.

Die Wiesen der Urdenbacher Kämpe werden bei Rheinhochwasser regelmäßig überflutet.

und im Sommer in Rosa das Drüsige Springkraut. Im Winter sind in den Wipfeln der kahlen Bäume die Kugeln der Misteln gut zu sehen.

Der Weg führt bis zum Uferstreifen des Rheins, biegt nach links und führt durch die Uferwiesen bis zu der Auffahrt der **Fähre, 2** die zur gegenüberliegenden mittelalterlichen Stadt Zons übersetzt.

Die Mistel galt bei den Germanen als heilige, von den Göttern gesetzte Pflanze.

Wir überqueren die Fähranlegerstraße und setzen die Wanderung über den Pfad am Ufer entlang des Auenwaldes mit den schönen Ausblicken auf den Rhein fort. (Die Route ist gekennzeichnet mit einem kleinen, quadratischen grünen Schild mit dem Namen der **Route „Natur pur".**) Nach einigen hundert Metern erreichen wir eine

Im September blüht auf den Wiesen der Urdenbacher Kämpe die Herbstzeitlose.

Kreuzung von Pfaden, biegen nach links, gehen an umgestürzten Bäumen vorbei bis zu einem breiten Hauptweg, der nach rechts zum **Haus Bürgel** **3** führt. An den Baumstämmen des dichten Auenwalds sind an dieser Stelle Schlingpflanzen besonders deutlich zu sehen. Efeu, wilder Hopfen und die Waldrebe winden sich in die Höhe. Auf der rechten Seite des Wegs nach Haus Bürgel liegt der Auenwald, auf der anderen bewirtschaftete Felder, denn in der Kämpe wird auch ökologisch ausgerichtete Landwirtschaft betrieben.

Von Haus Bürgel führt die Route „Natur pur" in einem weiten Bogen am **Altrhein** **4** entlang. Die knapp sieben Kilometer lange Strecke zieht sich stellenweise etwas eintönig an Feldern entlang, bietet aber immer wieder lohnenswerte Eindrücke vom Altrhein und den Wiesen. Wem diese Strecke zu lang

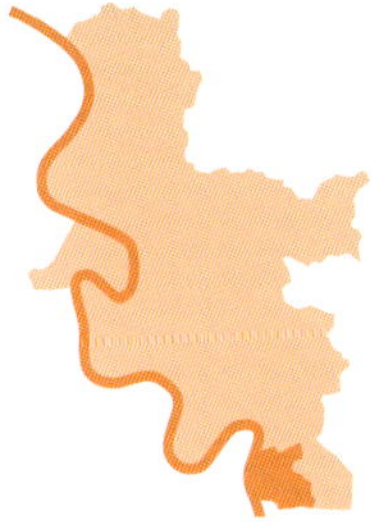

ist und wer lieber die abwechslungsreicheren baumbestandenen Grünflächen länger genießen will, kann am Haus Bürgel umdrehen und anfangs auf demselben Weg zurückkehren, dann jedoch nicht auf dem Pfad zum Rheinufer abbiegen, sondern auf dem breiten Weg bleiben. Dieser führt ebenfalls zur Anlegestelle der Fähre. Wer den Spaziergang durch die Natur durch eine Stadtbesichtigung unterbrechen will, kann hier mit der Fähre in die mittelalterliche Stadt Zons am gegenüberliegenden Rheinufer übersetzen. Von dort aus geht es auf der Straße Am Ausleger zurück zum Ortweg und zum Startpunkt. Die Straße führt vorbei an den **Streuobstwiesen 5** mit locker stehenden Apfel- und Birnbäumen, die im Frühjahr herrlich blühen.

Die Streuobstwiesen sorgen im Frühjahr bei der Obstbaumblüte für Farbe in der Landschaft.

Wer den kompletten Rundweg der Urdenbacher Kämpe auf der Route „Natur pur" machen will, geht direkt hinter Haus Bürgel auf die **Straße Baumberger Weg** und dann rechts, bis auf der linken Seite ein Feldweg an einem hohen Baum mit Bank einmündet. An dieser Stelle zeigt sich die traditionelle Landwirtschaft in der Urdenbacher Kämpe, beispielsweise mit dem Anbau der rheinischen Ackerbohne.

Der Feldweg führt geradeaus zur Rinne des Altrheins an der Ortsgrenze von Monheim-Baumberg. Dort geht es links entlang des Altrheins, dessen Bett manchmal eng ist, sich manchmal zu weiten Wasserflächen oder Sumpfland öffnet und ein abwechslungsreiches, geradezu romantisches Bild bietet. Der Wasserstand ist auch abhängig vom Rheinpegel.

Der Weg stößt schließlich auf eine hölzerne Brücke mit einem **Beobachtungspunkt,** 4 vor dem sich die vielfältige Pflanzenwelt am Feuchtufer des Altrheins ausbreitet und gut auszumachen ist. Die Route führt vor der Brücke links Richtung Felder und dann an der Kante des Waldes rechts. Zwischen den bewirtschafteten Feldern und dem Waldsaum geht es gut einen Kilometer lang, bis rechts etwas verdeckt ein Weg mit Schranke einmündet, der dann halb links quer durch die baumbestandenen sogenannten **Bürgeler Wiesen** führt. Sie zeichnen sich durch seltene Blumen aus, etwa die Herbstzeitlose, die im September rosafarben blüht. Aber auch zu anderen Jahreszeiten bestechen die Grünflächen durch ein Blütenmeer, etwa vom blassvioletten Wiesenschaumkraut, vom gelben Löwenzahn und Wiesenpippau oder vom blutroten Wiesenknopf. Die Wiesen sind bereits bei nicht allzu hohem Pegelstand des Rheins überflutet, wie die Kennzeichnungen an den Holzpfählen für die Wegmarkierungen und Infoständе verdeutlichen.

Der Wiesenpfad mündet auf einen Weg vor dem Urdenbacher Altrhein, der nach links zurück zum Startpunkt am Ortweg führt, entlang des alten Flussbetts, des Ursprungs der Urdenbacher Kämpe.

Das Römerkastell ..

HAUS BÜRGEL

Bereits im 1. Jahrhundert n. Chr. lebten römische Soldaten auf dem Gebiet rund um Haus Bürgel. Zum Schutz gegen die Germanen baute Kaiser Konstantin das Lager zu einem befestigten Kastell aus. Es war eine quadratische, 64 mal 64 Meter große Anlage mit zwölf Türmen und zwei Toren. Nach dem Sieg der Franken über die Römer verfiel das Kastell, wurde dann im Mittelalter zu einer Burganlage auf den verbliebenen Mauerresten ausgebaut. Aus dieser Zeit stammt auch der einzige heute noch erhaltene Eckturm. Später wurde die Anlage zu einem Gutshof mit Herrenhaus, Stallungen und Wirtschaftsgebäuden umgebaut. Heutzutage ist im Haus Bürgel ein römisches Museum untergebracht. Es zeigt Ausgrabungsfunde aus römischer Zeit, darunter einen Münzschatz aus dem Kastell. Schwerpunkte der Ausstellung: Geschichte des römischen Kastells und der Alltag im Kastell, Wehrtechnik und römisches Militär, Gräber und Begräbnissitten. In einem historischen Nutzgarten sind Kräuter und Gemüse angepflanzt, die Römer und Germanen verwendeten. Außerdem hat im Haus Bürgel die Biologische Station ihren Sitz, die sich um die Pflege der Urdenbacher Kämpe kümmert. Auf dem Bauernhof werden rheinische Kaltblutpferde gezüchtet. Weitere Informationen finden Sie unter https://haus-buergel.monheim.de.

IMPRESSUM BILDNACHWEIS

Bildnachweis

Alle Fotos: Michael Brockerhoff, außer:
S. 2/3, 13 u., 14, 17, 18/19, 20, 26, 28/29, 31, 39, 40/41, 42, 45, 46, 49, 52, 54/55, 57, 58, 62/63, 67, 108, 112/113, 118/119, 122/123, 130/131, 135, 148/149, 166/167: Michael Rennertz; S. 69, 126: Droste Verlag; S. 72/73: Ute Voges; S. 94/95, 103: Holger Klaes; S. 127: Arkadius Zagrabski; S. 145: Fotolia © pixs:sell – stock.adobe.com; S. 150: Fotolia © Eduard Shelesnjak – stock.adobe.com; S. 158: Annette Kanis; S. 165: Jens Höhner

Konzeption/Gestaltung/Satz: Droste Verlag, Düsseldorf
Umschlaggestaltung: Britta Rungwerth, Düsseldorf
Karten: Thorsten David, Bochum
Druck und Bindung: LUC GmbH, Greven

Alle Abweichungen, die nach Redaktionsschluss erfolgten, konnten im Buch nicht mehr berücksichtigt werden. Hinweise und Änderungen nehmen wir gern entgegen.

ISBN 978-3-7700-2039-3
www.drosteverlag.de

FSC
www.fsc.org
MIX
Papier aus verantwortungsvollen Quellen
FSC® C011279